경제를 아는
어린이로 이끌어 주는
주식과 투자
이야기

**경제를 아는 어린이로 이끌어 주는
주식과 투자 이야기**

초판 1쇄 발행 2022년 2월 28일
초판 4쇄 발행 2025년 8월 5일

지은이 김다해
그린이 박선하
펴낸이 이지은 **펴낸곳** 팜파스
기획편집 박선희
디자인 조성미 **마케팅** 김서희, 김민경
인쇄 케이피알커뮤니케이션

출판등록 2002년 12월 30일 제 10-2536호
주소 서울특별시 마포구 어울마당로5길 18 팜파스빌딩 2층
대표전화 02-335-3681 **팩스** 02-335-3743
홈페이지 www.pampasbook.com | blog.naver.com/pampasbook
이메일 pampas@pampasbook.com

값 12,000원
ISBN 979-11-7026-456-9 (73320)

ⓒ 2022, 김다해

· 이 책의 일부 내용을 인용하거나 발췌하려면 반드시 저작권자의 동의를 얻어야 합니다.
· 잘못된 책은 바꿔 드립니다.

경제를 아는 어린이로 이끌어 주는
주식과 투자 이야기

히어로즈 주식회사

김다해 글 | 박선하 그림

팜파스

하늘에서 '돈벼락'이 떨어지거나 땅에서 '돈 나무'가 자라는 상상을 해 본 적 있니?

나는 어렸을 때 무턱대고 돈이 많으면 좋겠다고 생각했어. 돈만 많으면 어디든 갈 수 있고, 물건도 마음껏 사고, 먹고 싶은 음식도 실컷 먹을 수 있으니 말이야.

하지만 안타깝게도 나한테 어떻게 하면 돈을 벌 수 있는지 차근차근 알려 주는 사람은 없었어. 어른들은 그저 열심히 공부하면 나중에 돈을 많이 버는 직업을 가질 거라고만 이야기해 주었지. 나는 돈이 뭔지도 모른 채 막연하게 하늘에서 돈벼락이 떨어지거나 땅에서 돈 나무가 자라는 엉뚱한 상상을 하면서 부자가 될 미래를 꿈꿨단다.

시간이 흘러 어른이 되고 보니, 조금이라도 더 어릴 때 돈이 뭔지, 경제가 뭔지 알았더라면 얼마나 좋았을까 하고 후회가 돼. 혹시 '낫 놓고 기역자도 모른다'고 하는 속담을 아니? 경제 역시 마찬가지야. 경제에 대해 알지 못하면 눈앞에 금덩이가 놓여 있어도 그게 얼마나

가치 있는 줄 모르니까 그냥 지나쳐 버리고 마는 거지. 즉, 세상 보는 눈과 경제 흐름을 읽는 능력을 갖추지 못하면 돈을 벌 수 있는 기회가 찾아와도 놓치기 일쑤야.

어린이 친구들은 나처럼 뒤늦게 후회하지 말고, 일찍부터 경제에 관심을 갖고 공부해서 경제 흐름을 읽을 줄 아는 현명한 사람이 되었으면 좋겠어. 그러려면 지금부터 차곡차곡 준비를 해야겠지?

혹시라도 어려운 경제 용어가 나온다고 해서 절대 겁먹지 마. 이 글에 나온 전설의 히어로즈도 그동안 악당들로부터 지구를 구하느라 제대로 경제 공부를 하지 못했대. 그래서 이제 겨우 경제가 뭔지, 주식회사는 무엇인지, 어떻게 투자를 하는지 처음부터 차근차근 공부하기 시작했다고 해. 그러니까 우리도 전설의 히어로즈를 따라가 보면서 즐겁게 경제 공부를 해 보자!

김다해

차례

④ 어린이 친구들에게

이야기 하나

탄생! 히어로즈 주식회사

전설의 히어로즈, 이대로 잊힐 수 없다! ○ 12
착한 기업 히어로즈 주식회사 ○ 22

> 우리 생활에서 경제 활동은
> 어떻게 이루어지고 있을까? 🔍

㉘ 경제는 우리가 살아가는 데 꼭 필요한 활동이야!
㉙ 경제 활동은 누가, 어떻게 하는 걸까?
㉜ '경제가 나쁘다?', '경제가 좋다?' 왜 경제를 좋고 나쁘다고 말할까?
㉞ 우리가 경제와 투자에 대해 알아야 하는 이유
㊲ '돈(화폐)'과 금융 세계로 떠나 볼까?
㊴ 왜 기업에 투자할까? 개인의 신용이 아닌 회사의 가치를 보고 투자하기 때문이야!
㊷ 좋은 회사와 나쁜 회사는 어떻게 구분할까?
㊸ 잠깐! 이 재무제표로 범죄를 저지르는 일도 있었어!
㊹ 투자를 할 회사의 정보는 어디서 얻을까?

히어로즈 주식회사의 주주가 되어 주세요!

히어로즈 주식회사의 기업 설명회에 가다! ○ 48
히어로즈 주식회사의 주주가 되다! ○ 56

주식회사는 어떤 회사일까?

- (66) 주식회사는 어떻게 생겨났을까?
- (70) 주식회사의 주인은 누굴까?
- (72) 주주들은 어떻게 회사에 대해 결정할까?
- (72) 그럼 나도 주주가 되어 볼까? 잠깐! 주식으로 돈을 벌 수도 있지만 잃을 수도 있어!
- (73) 회사는 주식을 언제 찍어서 어떻게 팔까?
- (75) 그러면 회사가 돈이 필요할 때마다 주식을 발행하면 되겠네?

이야기 셋

오르락내리락 출렁이는 주가

쭉쭉 오르는 주가만큼 욕심도 커지다! 80
나쁜 소문과 추락하는 주가 ○ 87

> 🔍 주가는 무엇이고 주식은 어떻게 사고팔까?

- ⑨² 주가는 무엇을 말하는 걸까?
- ⑨³ 주식은 왜 사고파는 걸까?
- ⑨⁵ 주식을 사려면 어느 시장으로 가야 할까?
- ⑨⁶ 코스피는 뭐고 코스닥은 뭐야?
- ⑨⁸ 오르락내리락, 주식의 가격은 어떻게 결정될까?
- ⑩¹ 경제가 안 좋은데도 주식이 오르는 이유
- ⑩³ 다른 나라의 주식 시장도 살펴볼까?

이야기 넷

히어로즈 주식회사, 최대 위기를 만나다!

악당으로 내몰린 전설의 히어로즈 ○ 108

히어로즈 주식회사, 주주 총회를 열다! ○ 115

똘똘한 투자는 뭘까?

(122) 경제 지식, 투자 지식에 대해 꼭 알아야만 할까?
(123) 안전한 투자 방법과 공격적인 투자 방법
(125) 주식을 사서 투자하면 당연히 큰돈을 벌 수 있다?
(127) 투자와 투기는 한 끗 차이?
(129) 워런 버핏에게 배우는 '가치 투자'와 올바른 투자 방법

이야기 다섯

새롭게 태어난 히어로즈 주식회사를 소개합니다!

진짜 영웅들이 나타나다! ○ 136

전설의 히어로즈와 어린이 주주들, 미래를 향해 한걸음을 내딛다! ○ 142

경제 흐름을 읽고 금융 IQ를 높이기 위해 어린이 친구들이 해야 할 일!

(148) 경제 뉴스나 신문 보기
(149) 좋아하는 물건을 만드는 회사에 대해 알아보기
(151) 주식 계좌 만들기
(153) 모의 투자 대회에 참가해 보기
(154) 투자에도 윤리적인 책임이 따라야 해!

전설의 히어로즈, 이대로 잊힐 수 없다!

"이제 이 도시는 내가 접수한다!"

악당이 고압 전류가 흐르는 송전탑을 향해 채찍을 휘둘렀다. 기다란 줄이 송전탑에 내리꽂히자 불꽃이 펑 일었다. 네온사인이 하나둘 꺼지면서 온 도시가 빠르게 암흑으로 변했다. 지하철이 멈추고 신호등이 꺼지면서 도로에 있는 차들이 마구 뒤엉켰다. 여기저기서 시민들의 비명 소리가 터져 나왔다.

"까아아악! 도와줘요, 히어로즈!"

그 순간, 대낮처럼 밝은 빛이 어딘가를 비추었다. 밝은 빛 속에 전설의 히어로즈 요요팡, 찐봉봉, 밥심, 애니멀걸, 스캐니가 멋진 자세로 서 있었다.

"후후, 이거 일이 재밌어지는군."

악당이 웃으며 채찍을 휘두르려는 순간! 활활 타오르는 불꽃 무늬가 새겨진 요요가 날아와 악당의 손등을 휘감았다. 무엇이든 빠져나갈 수 없게 묶어 버리는 요요팡의 대표 무기, 불꽃요요였다.

"아야얏."

악당이 채찍을 떨어뜨리고는 호들갑스럽게 손을 흔들어 댔다.

"컷! 엔지야, 엔지! 아니, 무슨 악당이 그렇게 쉽게 채찍을 떨어뜨려요?"

감독의 말에 악당 역할을 맡은 배우가 장갑을 벗어 던졌다.

"감독님, 저도 엔지 내고 싶지 않아요! 그런데 영화를 찍으면 연기를 해야지 진짜로 악당 잡을 때 쓰던 무기로 때리면 어떡합니까? 어휴, 팔목 부러지는 줄 알았네. 자꾸 이렇게 하면 저도 더 이상 악당 연기 못합니다!"

악당 역의 배우는 씩씩거리며 요요팡을 쨰려보았다. 요요팡은 어찌할 바를 몰라 하며 서 있었다. 다른 히어로들도 멀뚱멀뚱 먼 산만 바라보았다. 영화를 찍으면서 히어로즈가 실전 공격을 하는 탓에 그동안 여러 배우가 그만두었다.

상황을 파악한 감독은 얼른 악당 역을 맡은 배우의 손을 잡으며 웃었다.

"아이고, 우리 배우님이 많이 아프셨나 보네. 내가 히어로즈한테 따끔하게 말할게요. 자, 잠깐 쉴 겸 시원한 거라도 한 잔 마시고 오자고요!"

전설의 히어로즈는 두 사람이 멀어지는 모습을 물끄러미 바라보다 긴 한숨을 내쉬었다.

"우리 신세가 어쩌다 이렇게 된 거지? 한때는 악당들에게서 지구를 구하던 진짜 영웅이었는데……."

밥심이 허리춤에 달린 스테인리스 도시락통에서 주먹밥을 꺼내 우적우적 씹었다. 힘쓸 곳도 없으면서 습관처럼 에너지원인 주먹밥이 자꾸만 입으로 들어갔다. 악당을 잡아내던 우람한 근육은 사라진 지 오래고, 이제 밥심의 몸에는 두툼한 뱃살만 남아 있었다.

물론 밥심만의 문제는 아니었다. 위풍당당하던 히어로즈의 예전 모습은 더 이상 찾아볼 수 없었다. 전설의 히어로즈는 젊은 시절을 그리워하는 어르신들과 영웅담을 좋아하는 몇몇 어린이들 덕분에 간간이 영화에 출연하며 먹고살고 있었다.

"지구에 평화가 찾아온 건 축복할 일이지만 우리 히어로들은 졸지에 개미만도 못한 존재가 되었어. 어울리지도 않게 액션 영화를 찍고 있다니. 원래 우리 역할은 이게 아닌데. 휴."

애니멀걸이 바닥에 기어가는 개미 한 마리를 손끝으로 쓰다듬으며 한숨을 내쉬었다. 개미가 애니멀걸의 손가락을 꽉 깨물었다.

"아, 미안, 미안. 개미를 무시하려고 한 말은 아니야!"

동물의 말을 알아듣는 애니멀걸은 개미에게 연신 사과했다.

그때, 뚜벅뚜벅 구둣발 소리와 함께 낯선 그림자가 히어로즈를 향해 다가왔다.

"드디어 전설의 히어로즈를 뵙게 되는군요. 영광입니다. 흐흐."

2대 8 가르마를 한 사내가 히어로즈 쪽으로 손을 내밀었다. 돼지꼬리처럼 꼬불거리는 앞머리가 삐죽 내려온 모습이 인상적이었다. 사내가 내민 손에는 명함이 한 장 들려 있었다. 한 번 본 것은 무엇이든 기억하는 스캐니가 잽싸게 명함을 낚아챘다.

"몬테스 잠봉?…… 새로 생긴 짬뽕집인가?"

명함에는 뜻을 알 수 없는 다섯 글자만 적혀 있었다. 스캐니의 말을 들은 사내의 눈썹이 꿈틀했다. 사내는 곧 튀어나온 앞머리를 검지로 뱅뱅 돌리며 웃었다.

"하하, 명함에 적힌 그 글자는 바로 제 이름입니다. 어릴 때 별명이 짬뽕이었던 건 또 어찌 아시고! 어쨌든 나머지 공간은 여러분과 채워 나가기 위해 잠시 비워 두었을 뿐, 조만간 제 이름 앞에 시이오(CEO)란 글자가 들어가게 될 거예요. 아시죠? 대표 이사! 제가 회사 사장이 될 거란 말이죠. 흐흐."

몬테스 잠봉의 말에 전설의 히어로즈는 서로 눈짓을 주고받으며 어깨를 으쓱했다.

"사장은 아무나 될 수 있는 건가?"

"글쎄. 동네에 짬뽕 가게라도 차릴 건가 봐."

"에이, 제 이름은 아무나가 아니라 몬테스 잠봉이라니까요! 자, 이렇게 영화에서 흉내나 내는 것이 아니라, 진짜 영웅으로 활약해 볼

생각은 없나요? 우리가 만드는 회사의 주인공으로 말이지요. 제가 회사 이름도 벌써 지어 놨어요. 그 이름은 바로 히어로즈 주식회사!"

몬테스 잠봉이 '히어로즈 주식회사'를 힘주어 말하며 양팔을 쫙 펼쳤다.

"뭐, 히어로즈 주식회사?"

"주식회사가 뭔데?"

전설의 히어로즈는 의아한 눈으로 몬테스 잠봉을 쳐다보았다. 몬테스 잠봉이 자못 심각한 표정을 지으며 고개를 가로저었다.

"흠, 그래요. 그동안 전설의 히어로즈는 악당을 무찌르느라 경제에 대해 공부할 시간이 없었을 거예요. 뭐 괜찮아요! 똑똑한 제가 다 알려 드리면 되니까요. 하하. 주식회사는 말 그대로 '주식을 발행해 여러 사람한테서 자본을 받아서 운영하는 회사'를 말합니다. 설마, 주식이 뭔지도 모르는 건 아니겠죠?"

몬테스 잠봉이 실눈을 뜨고 물었다. 전설의 히어로즈는 아무런 대꾸도 하지 못한 채 흠흠, 목청만 가다듬었다. 몬테스 잠봉은 어이없다는 얼굴로 히어로즈를 보며 한숨을 쉬었다.

"주식은 '회사의 소유권'이라고 생각하면 쉬워요. 회사의 소유권은 한 명이 다 가질 수도 있지만 여러 명이 쪼개서 같이 가질 수도 있죠. 즉, 여러 사람들이 주식을 가짐으로써 회사의 주인이 되는 거지요. 주식회사는 이처럼 회사 소유권을 잘게 쪼개어 여러 사람이 나누어 가진 회사를 뜻해요. 주식을 하나라도 가진 사람을 '주주'라고 합니다. 주식회사는 주주들이 투자한 돈으로 운영해요. 이렇게 회사를 운영하는 데 쓰는 돈을 '자본금'이라고 합니다."

"와, 돈이 없어도 누구나 주식만 만들어 팔면 회사를 세우고 운영할 수도 있다는 거네?"

밥심이 주먹밥을 먹다 말고 혀를 내둘렀다.

"그게 말처럼 그렇게 쉬운 일이 아니야! 투자란 더 큰 이익을 돌려받기 위해서 돈을 내는 거야. 그런데 어떤 회사인지도 모르는데 누가 돈을 내고 주식을 가지려고 하겠어? 이봐, 짬뽕 사장! 대체 히어로즈 주식회사는 뭘 하는 곳이지?"

스캐니가 몬테스 잠봉의 이름만 새겨진 명함을 의심스러운 눈초리로 들여다보았다.

"역시 예리하십니다. 사람들이 아무 회사에나 투자하지는 않죠. 우리 히어로즈 주식회사처럼 특별한 회사가 아니라면요. 자, 지구의 꿈과 희망인 어린이들에게 도움이 필요하면 누가 도와줄 수 있나요? 어른들? 부모님? 아닙니다. 그건 바로 악당들에게서 지구를 지켜 낸 전설의 히어로즈, 여러분만이 할 수 있는 일이죠! 전설의 히어로즈가 어린이들의 어려운 일을 해결해 주고, 그 일을 하는 회사의 이사회까지 맡는다면 어느 누가 투자를 마다하겠습니까? 어린이를 돕는 착한 기업! 여러분과 제가 힘을 모으면 만들 수 있습니다!"

지금껏 지구 평화에 헌신한 히어로즈는 어린이를 도와준다는 말에 솔깃해졌다.

"잠깐! 어려운 일을 대신 해결해 준다니? 그냥 심부름센터 같은 걸 말하는 거야? 설마 우리를 이용해 어린이들한테 심부름값을 받아 내려는 꿍꿍이는 아니겠지? 게다가 이사회는 또 뭐야?"

찐봉봉이 요술봉을 몬테스 잠봉 얼굴에 대고 물었다. 찐봉봉의 요술봉이 눈앞에서 뱅글뱅글 돌면 누구든 최면에 걸린 것처럼 진실을 술술 털어놓았다.

"이크, 무식한 줄만 알았더니 의심도 많으시네요! 이사회는 대표 이사와 함께 회사 업무에 관한 중요한 결정을 내리는 기관이에요. 여러분은 그 이사회의 일원이 되는 거고요. 아, 걱정하지 않으셔도 됩니다. 회사를 운영하는 일 중 복잡하고 까다로운 업무는 대표 이사인 제가 알아서 처리할 테니까요. 여러분은 하나도 신경 쓸 거 없어요. 전설의 히어로즈는 그저 정의의 해결사가 되어 주시면 됩니다."

몬테스 잠봉은 찐봉봉이 요술봉을 돌리지 못하도록 붙잡고는 자신 있게 외쳤다.

전설의 히어로즈는 '주식'이니 '주주'니 '이사회'와 같은 말은 골치가 아파서 대충 흘려들었다. 하지만 '정의의 해결사'라는 말은 귀에 쏙 들어와 박혔다. 예전의 사랑받던 영웅 시절로 되돌아갈 수도 있다는 달콤한 말이었다. 전설의 히어로즈는 누가 먼저랄 것도 없이 이렇게 외쳤다.

"저기요, 감독님! 저희도 더 이상 가짜 히어로 연기는 못하겠거든요!"

전설의 히어로즈는 몬테스 잠봉을 따라서 유유히 영화 촬영장을 빠져나갔다.

착한 기업
히어로즈 주식회사

"학교 다녀왔습니다!"

하리가 현관문을 열고 들어오자 요란한 소리가 들려왔다. 텔레비전에서 나는 소리였다. 취업할 때까지만 잠시 하리네 집에서 지내기로 한 삼촌이 오늘도 거실 소파에 드러누운 채 텔레비전을 보고 있었다. 작년부터 시작된 히어로즈TV 채널이었다. 요즘 들어 부쩍 하리네 반 아이들 사이에서 인기를 끌었다. 매일 새로운 아이가 히어로즈에게 도움을 요청하고 전설의 히어로즈가 대신 해결해 주는 리얼리티 프로그램이었다.

"삼촌, 오늘 또 텔레비전만 봤어? 요즘에는 면접 보러 안 다녀?"

하리가 소리치자 삼촌이 다급히 입술에 검지를 대고 '쉿' 소리를 냈다.

"잠깐만! 히어로즈가 하트 찾기 일보 직전이라고!"

"하트? 오늘은 사랑하는 사람을 찾는 사연이야?"

하리가 다시 텔레비전을 들여다보았다. 화면에는 전설의 히어로즈가 누군가를 찾아 달려가는 영상이 나오고 있었다.

"호수 공원 동편 둘레길에서 신호 포착!"

스캐니가 목걸이 펜던트에 있는 마이크로칩을 추적해 하트의 위치를 알아냈다. 위치를 들은 요요팡이 나무를 타는 원숭이처럼 양손에 든 요요를 번갈아 내던지며 호수 공원 둘레길을 빠르게 날아갔다.

"오른쪽 두 시 방향, 하트 발견!"

검은색이 도는 프렌치 불도그 한 마리가 가시덤불 속에서 으르렁대며 경계하고 있었다.

"하트가 확실해?"

찐봉봉이 무전기에 대고 물었다. 요요팡이 확인하려고 가까이 다가갔다. 개는 좁은 덤불 속에서 짧은 다리로 힘겹게 서 있었다. 가시에 찔렸는지 다리가 덜덜 떨렸다. 요요팡을 보고는 달려들 태세로 누런 이빨을 드러내며 사납게 으르렁거렸다. 요요팡은 불도그의 엉덩이에 선명히 새겨진 하얀색 하트 무늬를 놓치지 않았다. 오늘의 의뢰인 수한이가 찾아 달라고 요청한 강아지 하트가 분명했다.

"맞다니까! 지금 내가 붙잡을……."

요요팡이 채 말을 끝내기도 전에 하트가 요요팡의 다리를 덥석 물었다.

"아아악!"

요요팡이 자기도 모르게 불꽃요요를 휘둘렀다. 졸지에 꽁꽁 묶인 하트는 빠져나오려고 낑낑거렸다.

"뭐야? 구조하라고 먼저 보냈더니 오히려 하트를 괴롭히면 어떡해?"

뒤이어 도착한 히어로들이 요요팡을 향해 가자미눈을 떴다.

"내 소중한 히어로 옷을 찢으려고 하는데 그럼 어떡해!"

요요팡이 입을 죽 내밀고는 어깨를 으쓱했다.

"비켜 봐. 화난 강아지한테는 이게 특효약이지!"

밥심이 주먹밥을 꺼내 하트 코앞에 내밀었다.

"착하지? 이거 먹고 얌전히 있으렴."

밥심이 커다란 손으로 하트 머리를 쓰다듬으려고 하자 하트가 또

다시 으르렁거렸다.

"하트, 걱정 마! 우리는 널 도와주려는 거야. 수한이한테 데려다줄게."

애니멀걸이 다가와 하트와 대화했다. 하트는 애니멀걸이 자신을 묶은 요요팡과 같은 무리인 줄 알고 경계했지만 '수한이' 이름을 듣자 곧 마음을 열었다. 하트는 비둘기를 쫓아가다가 전동 킥보드에 치일 뻔해 가시덤불로 뛰어들었다고 털어놓았다. 애니멀걸은 하트의 말을 다른 히어로들에게 통역해 주었다.

곧이어 히어로즈가 수한이에게 하트를 데려다주는 장면이 나왔다.

"하트! 내가, 엉엉, 얼마나 찾았는데……. 어디 갔었어? 엉엉."

수한이가 하트를 끌어안고는 눈물 콧물을 마구 흘렸다. 하트도 꼬리를 흔들며 수한이 볼을 핥았다.

"전설의 히어로즈 최고! 전설의 히어로즈 덕분에 소중한 하트를 무사히 찾을 수 있었어요. 친구들, 도움이 필요할 때는 저처럼 꼭 히어로즈 주식회사를 찾아 주세요!"

수한이가 하트를 안은 채 엄지를 추켜드는 장면이 화면 가득 클로즈업되었다. 전설의 히어로즈 얼굴 아래로 '어린이를 위한 착한 기업, 히어로즈 주식회사'라는 문구가 큼지막하게 나왔다. 이어서 어디

 서든 위치 추적이 가능한 목걸이 펜던트와 동물 병원, 동물 간식, 사료 광고가 흘러나왔다.

 "어휴, 유치해! 삼촌은 나이도 많으면서 전설의 히어로즈가 그렇게 좋아?"

 하리 눈에는 전설의 히어로즈가 진짜로 어린이를 위하는 것처럼 보이지 않았다. 그보다는 자신들의 회사를 홍보하기 위해 TV채널을 이용하는 것 같았다. 연이어 나오는 협찬 광고도 그렇고 스스로 착한 기업이라고 떠드는 모습도 보기 불편했다.

"어허, 네가 전설의 히어로즈를 잘 몰라서 그래. 내가 어렸을 때 히어로즈가 얼마나 멋있었는데! 한 번 팬이면 영원한 팬이지! 근데 히어로즈 주식회사는 어린이들만 도와준다니 너무 아쉬워. 나도 어린이였으면 히어로즈를 만날 수 있었을 텐데……."

삼촌이 입맛을 쩝쩝 다셨다. 그러다가 갑자기 좋은 생각이 떠올랐는지 손뼉을 쳤다.

"맞다! 하리, 네가 부르면 되잖아! 네가 히어로즈 주식회사에 도움이 필요하다고 전화하면 안 되니?"

삼촌의 눈빛이 그 어느 때보다 반짝반짝 빛났다.

"나는 히어로즈한테 도움 받을 일 없거든요! 그리고 내 눈에는 하나도 안 멋지단 말이야!"

하리는 콧방귀를 뀌고는 방으로 들어가 버렸다.

우리 생활에서 경제 활동은 어떻게 이루어지고 있을까?

경제는 우리가 살아가는 데 꼭 필요한 활동이야!

'경제가 좋아져야 해!', '경제를 살립시다!' 등 다양한 미디어에서 나오는 말 '경제.' 경제는 대체 무슨 뜻이고 우리와 어떤 연관이 있을까?

말만 들어도 딱딱한 경제는 왠지 어른들만 하는 활동 같아. 하지만 어린이들도 경제 활동에 참여하고 있어. 군것질을 하고, 돈을 주고 필요한 물건을 사거나, 용돈을 모아 저축하는 것도 모두 경제 활동이거든.

'경제'는 우리가 살아가는 데 필요한 물건이나 서비스를 '만들어

내고', 그로 인해 생긴 이익을 함께한 사람들과 '나누고', 나누어 받은 이익으로 필요한 것을 '사거나 이용하는' 활동을 말해.

예전에는 필요한 물건을 사람들이 일일이 손으로 만들어 썼어. 하지만 과학 기술이 발달하고 산업들이 생겨나면서 공장에서 기계로 많은 물건을 만들게 되었어. 사람들은 돈을 주고 물건을 사서 쓰게 되었지. 과거에는 물건을 만드는 기술이 필요했다면, 이제는 물건을 살 돈이 필요하게 된 거야.

경제 활동은 누가, 어떻게 하는 걸까?

이러한 경제 활동은 주로 '기업(회사)'과 '개인', '정부'가 참여해. 어떻게 참여하냐고?

'기업(회사)'은 우리가 필요한 물건이나 서비스를 만드는 역할을 해. 기업은 물건을 만들어 내기 위해 그 일을 할 사람(개인)을 고용해야 해. 고용된 사람들은 '근로자'가 되어 회사의 물건이나 서비스를 만들어 내지.

근로자   소비자

회사는 물건 혹은 서비스를 상품으로 만들어서 사람들에게 팔아. 이렇게 물건이나 서비스를 사는 개인들을 '소비자'라고 해.

회사는 소비자들에게 상품을 팔아서 얻은 이익을 근로자에게 대가로 돌려주지. 다시 말해, '임금(월급)'으로 주는 거야. 그렇게 번 임금으로 개인은 물건을 사거나 서비스를 이용하지. 즉, 개인은 근로자이기도 하고 소비자이기도 한 거야. 이렇게 기업과 개인은 경제 활동을 통해 긴밀하게 관계를 맺고 있어.

정부는 기업과 개인이 공정하고 안전한 환경 속에서 원활하게 경제 활동을 할 수 있도록 돕는 역할을 하지. 그 대가로 기업과 개인에게 세금을 받아. 세금은 나라를 잘 꾸려 나가는 데 쓰이고, 또다시 기업과 개인에게 그 혜택이 돌아가는 거야.

기업 : 물건(상품)을 만들거나, 어떤 일(서비스)을 제공하거나 관리하며, 이익을 얻는 조직을 말해. 흔히 '기업'과 '회사'는 같은 의미로 쓰여.

생산 활동 : 기업이 물건이나 서비스를 만드는 활동을 말해. 이렇게 만든 물건이나 서비스로 번 돈을 '이윤'이라고 해. 기업의 생산 활동에는 '근로자'와 '정부'의 참여가 꼭 필요해.

분배 활동 : 기업은 만든 물건이나 서비스를 팔아서 번 돈을 개인에게는 '임금'으로 돌려주고, 정부에게는 '세금'으로 돌려주어야 해.

소비 활동 : 개인이 임금(월급)으로 받거나 경제 활동으로 번 돈을 물건이나 서비스를 얻는 데 쓰는 것을 말해.

> '경제가 나쁘다?', '경제가 좋다?'
> 왜 경제를 좋고 나쁘다고 말할까? 🔍

우리는 경제가 좋고 나쁘다는 말을 많이 해. 경제는 '돈을 벌고 쓰는 활동'인데 이게 좋고 나쁘다는 게 무슨 뜻일까?

기업(회사)이 좋은 물건을 만들어서 돈을 잘 벌고, 그 돈으로 일을 한 근로자의 임금을 두둑이 챙겨 준다면 어떨까? 당연히 근로자의 생활도 좋아질 거야. 근로자가 돈을 넉넉하게 벌면 필요한 물건을 사는 것은 물론이고 자기가 하고 싶은 취미, 공부 등도 걱정 없이 할 수 있을 테니까.

기업은 더 많은 돈을 벌기 위해 사람들을 더욱더 고용할 거야. 그러면 일자리도 늘어나겠지. 나라에 내는 세금도 거뜬히 낼 수 있을 거야.

기업과 개인이 세금을 잘 내서 나라 살림이 여유로워지면 어떻게 될까? 정부는 국민이 더욱 행복하게 살 수 있도록 정책을 펼쳐서 혜택과 지원을 늘릴 수 있겠지. 이렇게 '경제 활동이 좋아진다'는 말은 '우리가 돈을 벌고 쓰는 데 큰 어려움 없이 살아가는 것'을 뜻해.

경제가 좋을 때

경제가 나쁠 때

반대로 '경제가 나쁘다'는 것은 어떤 의미일까? 기업이 물건을 만들었지만 잘 팔리지 않아서 돈을 벌지 못한다고 생각해 봐. 그럴 경우 기업이 돈을 못 버니 근로자에게 줄 임금도 줄어들 거야. 많은 사람을 고용하기도 어려울 거고. 그렇게 되면 사람들은 돈을 벌 기회가 줄게 돼. 자연스럽게 가정의 살림살이도 나빠지겠지.

마찬가지로 나라 살림도 나빠질 거야. 기업과 개인이 벌어들이는 돈(소득)이 없으면 세금을 낼 돈도 없을 테니까. 그렇게 될 경우 나라 살림을 꾸려 나가는 비용도 줄어들어서 국민 모두 어려움을 겪게 돼.

우리가 경제와 투자에 대해 알아야 하는 이유

물론 기업에 속해서 일하지 않고 스스로 돈을 버는 사람들도 있어. 하지만 많은 사람들이 기업에 취직해서 돈을 벌어. 경제생활에서 주로 기업이 '생산'을 맡고 있거든. 그러므로 기업이 생산 활동을 잘하는 건 매우 중요해. 기업이 생산 활동을 잘해서 돈을 많이 벌면, 근로자인 개인도 일한 대가로 더 많은 돈을 받게 돼. 또, 일자리도 많이 만들어지고, 정부는 개인과 기업으로부터 더 많은 세금을 거둘 수 있어.

결과적으로 기업이 경제 활동을 잘하면, 개인도, 나라도 경제 활동을 안정적으로 할 수 있게 되지.

그렇다면 기업이 경제 활동을 잘하기 위해서는 무엇이 필요할까? 우선 '자본', 즉 '기업을 운영하는 데 드는 돈'을 잘 마련해야 해. 돈을 들여서 좋은 시설과 시스템을 세워야 좋은 제품을 만들어서 잘 팔 수 있을 테니까.

하지만 이 돈을 은행에서 빌리거나 정부에 지원받는 것만으로는 모두 마련할 수 없어. 기업은 더 많은 자본을 마련할 방법이 없을까 고민했지. 그래서 기업을 잘 꾸려서 훗날 이익이 생기면 그 이익을 나누어 주겠다는 조건으로, 돈을 얻는 방법을 궁리하게 된 거야. 즉 '투자를 받기 위한 방법'을 생각한 거지.

한편 개인들은 은행에 돈을 저축하는 것보다 더 많은 이익을 얻을 수 있는 방법이 뭘까 고민했어. 기업이 휘청거리면 일자리를 잃거나 소득이 줄어드니까 더 안정적으로 돈을 마련하는 방법에 관심이 생긴 거지.

그런데 은행에 저축을 하면 이자가 너무 낮아서 이익이 크지 않아.

그래서 '투자', 즉 '더 큰 이익을 얻기 위해 돈을 내는 활동'에 관심을 갖게 된 거야. 그래서 개인이 직접 회사에 돈을 내고, 나중에 회사가 돈을 벌면 돈을 낸 것보다 더 많은 이익을 돌려받을 수 있는 투자 활동에 적극적으로 참여하게 되었어.

정부 역시 개인처럼 회사가 돈을 벌 가능성을 보고 미리 돈을 보태는 '투자 활동'에 참여하고 있어. 또 건전한 투자와 금융의 장을 만들기 위해 노력하고 있지.

이와 같은 개인, 기업, 정부의 투자 활동은 경제생활에서 점점 중요해지고 있어. 우리가 경제와 투자에 대해 배우는 것은 사회의 일원이라면 기본적으로 갖춰야 할 소양이 된 거야.

'돈(화폐)'과 금융 세계로 떠나 볼까? 🔍

아주 오래전에는 상품을 서로 맞교환하면서 살았어. 맞교환은 너무 불편한 점이 많았지. 물건이 커서 가져가기 어렵거나 쉽게 상하는 일도 많았고, 거리가 멀면 교환이 힘들었거든.

그러다가 상품의 값어치만큼 대신 주고받는 수단이 생겨나. 그게 바로 '화폐'야. 삼국 시대 이전에는 조개껍데기가, 벼농사 이후에는 곡물이나 직물이 화폐의 역할을 했어. 그리고 지금의 화폐, 즉 '돈'이 나타났어.

돈이 등장하면서 경제는 더욱 발전했어. 왜냐고? 돈은 들고 다니기 편하니까 더 많은 물건을 더 다양한 장소에서 교환할 수 있었거든. 덕분에 시장이 커지고 거래가 늘어나니까 물건도 더 많이 만들게 되었지.

'돈'이 생기면서 남에게 돈을 잠시 빌리는 '대출'이라는 활동도 생겨났어. 그리고 빌린 것을 다시 갚으리라는 믿음인 '신용'이라는 개념도 생겨났어. 신용이 큰 사람은 더 많은 돈을 빌릴 수 있었지.

이러한 개념들이 생기면서 경제 활동은 단순한 물품 거래를 넘어서게 돼. 은행이라는 기관이 만들어지고, 돈을 거래하는 금융 시장이 만들어지지. 금융 시장이 생기면서 나중에 더 큰 이익을 얻기 위한 '투자'도 할 수 있게 되었어.

'투자'는 '이익을 얻기 위하여 회사나 어떤 일에 돈을 대거나 시간이나 정성을 들이는 것'을 말해. 다시 말해 투자는 나중에 더 큰 이익을 얻기 위해 '돈'을 들이는 거지.

> 왜 기업에 투자할까?
> 개인의 신용이 아닌 회사의 가치를 보고 투자하기 때문이야!

하리 엄마는 과자를 만들어 파는 회사에 다니고, 아빠는 이웃 동네에서 치킨 가게를 운영해. 하리 엄마와 아빠는 똑같이 돈을 벌기 위해 일하지만, 왜 사람들은 엄마가 일하는 곳은 회사라고 부르고 아빠가 일하는 곳은 자영업 가게라고 부르는 걸까? 그리고 우리는 흔히 '기업(회사)에 투자한다'고 하지, 개인이 운영하는 사업장에 투자한다고는 말하지 않아. 왜 그런지 이유를 알려면 우선 회사(기업)의 특성을 살펴봐야 해.

머릿속에 아무 회사나 한 번 떠올려 봐. 많은 친구들이 높은 빌딩과 수많은 직원이 있는 곳을 떠올릴 거야. 하지만 모든 회사가 다 크고 직원 수가 많은 건 아니야. 어떤 회사는 달랑 책상 하나만 둔 채 사장 혼자서 모든 일을 도맡아 하는 곳도 있거든.

반대로 개인이 운영하는 가게인데도 웬만한 회사보다 더 많은 직원이 있고 돈을 더 많이 버는 곳도 있지. 그러니 단순히 일터가 어떤 곳인지, 몇 명이 일하고, 돈을 많이 버는지가 회사(기업)의 특성이라고 하기는 어려워.

회사(기업)의 특성을 설명하는 표현 중에 '법인성'이라는 말이 있어. 뭔가 굉장히 어려운 말처럼 들리지? 흔히 사업을 하는 사람을 '법인 사업자'인지 '개인 사업자'인지로 구분해. 여기서 말하는 '법인'은 하리 엄마가 다니는 일반적인 '회사(기업)'에 해당하고, '개인'은 하리 아빠의 치킨 가게처럼 사장 개인이 직접 운영하고 책임지는 '자영업'에 해당하지. 그렇다면 '법인성'은 무슨 뜻일까?

예를 들어 하리 아빠가 치킨 가게에서 번 돈을 은행에 맡기러 간다고 생각해 봐. 하리 아빠는 가게에서 번 돈을 자신의 이름으로 된 통장에 저금하면 돼. 마찬가지로 가게에 돈이 필요해서 은행에서 돈을 빌릴 때도 자신의 이름으로 대출을 받으면 되지. 자신이 직접 가게를 운영해서 번 돈은 사장님이 알아서 관리하고 마음대로 써도 아무런 문제가 없거든.

하지만 회사는 달라. 회사는 물건이나 서비스를 만들어 판 돈을 은행에 맡기려면 사장님 이름으로 된 통장에 저금할 수 없어. 반드시

가게는 곧 사장

기업은 사장과 다른 존재
기업 그 자체로서 활동이 가능

회사 이름으로 된 통장을 따로 만들어서 관리해야 하지. 'LG'나 '삼성', '현대'처럼 '회사 그 자체를 독립된 자격으로 인정해 주는 것'이 바로 '법인'이고, 그러한 특성을 기업의 '법인성'이라고 하는 거야.

이 경우, 기업(회사)이 벌어들인 돈은 기업의 재산이지, 사장님이나 직원의 개인 자산이 아니야. 하리 엄마가 과자 회사에 다녀도 그 과자를 마음대로 먹거나 가져올 수 없는 것처럼.

이렇게 회사는 '법인성'이 있기 때문에 개인이 운영하는 가게와 달리 외부에서 투자를 받을 수도 있어. 또 사장님 신용이 아니라, 회사의 가치를 담보(보증으로 삼을 대상)로 삼아 은행이나 다른 회사에서 돈을 빌려 올 수도 있는 거야.

좋은 회사와 나쁜 회사는 어떻게 구분할까?

　가정 살림을 위해 가계부를 쓰는 것처럼 회사 역시 돈을 쓰고 번 것을 반드시 장부에 적어야 해. 회사에서 돈이 들고나는 것을 장부에 적는 것을 '회계'라고 말해. 회사는 장부에 돈이 들어오고 나간 것을 모두 적은 다음, 회사의 상태를 알기 쉽게 표로 만들어. 이 표를 '재무제표'라고 불러. 재무제표 가운데 가장 대표적인 것이 '재무 상태표'와 '손익 계산서'야.

　어휴, 말만 들어도 어려운 표 같다고? 하지만 투자를 하려면 회사가 돈을 잘 벌고 있는지, 돈을 엉뚱한 데 쓰지는 않은지 반드시 알아야만 해. 그래야 좋은 회사인지, 성장할 가능성이 큰 회사인지 알고 투자할 수 있을 테니까.

　그래서 어떤 회사인지를 알아보려면 바로 이 '재무 상태표'와 '손익 계산서'를 살펴봐야 해. 어른들도 투자하기 위해 이 재무 상태표와 손익 계산서를 보는 공부를 해. 어린이 친구들이 직접 이걸 들여다보지는 않더라도 어떤 정보가 담긴 문서인지는 알아 두는 것이 좋아.

　재무 상태표를 보면 회사가 돈을 어떻게 마련하고 사용하는지 알 수 있어. 또 손익 계산서를 보면 회사가 벌어들인 돈은 얼마고 쓴 돈은 얼마인지, 또 이익이 났는지 손실이 났는지를 알 수 있지. 그래서 재무제표를 보면 회사가 잘 운영되고 있는지, 나쁜 회사인지 짐작할 수 있는 거야.

> 잠깐! 이 재무제표로 범죄를 저지르는 일도 있었어! 🔍

　가끔 기업들이 재무 상태표나 손익 계산서를 제멋대로 작성해서 문제를 일으키는 경우도 있어. 예를 들어, 기업이 돈을 잘 벌지 못하는데도, 재무제표의 수치를 조작해서 잘 버는 것처럼 꾸미는 거야. 이런 경우를 '분식 회계'라고 해. 분식(粉飾) 회계는 마치 사람이 화장을 하는 것처럼 '회사가 일부러 기업이 가진 재산이나 이익을 부풀려 포장하는 것'을 말해.

그럴 경우, 투자자(투자를 하려는 개인과 기업 등)들은 회계만 보고 기업이 돈을 잘 버는 줄 알고 선뜻 돈을 내놓을 수도 있어. 실제로는 곧 망할지도 모르는 기업에 투자를 하다 큰돈을 잃게 될 수도 있지. 그래서 분식 회계는 법으로 엄격하게 금지하고 있단다.

투자를 할 회사의 정보는 어디서 얻을까? 🔍

투자는 뜬소문이나 대강 아는 기업이라는 이유로 해서는 안 돼. 더 큰 이익을 얻을 수 있는 만큼 내 소중한 투자금(투자할 돈)을 잃을 위험도 있기 때문이야.

그래서 항상 경제 뉴스를 눈여겨보아야 해. 경제 활동의 흐름, 기업의 성장에 관해 뉴스와 정보를 살피고, 재무제표 등도 살펴보아야 해.

혹은 기업 설명회와 같은 활동에 참여해 보는 것도 좋은 방법이야.

'삼성전자'나 '애플' 같은 기업은 새로운 휴대폰이나 기기를 낼 때마다 사람들을 모아 놓고 설명회를 열어. 이렇게 기업이 회사를 운영한 성과와 앞으로 할 사업에 대해 알리고 설명하는 활동을 '기업 설명회'라고 해.

대체로 기업 설명회는 투자금을 잘 얻기 위해서 열기 때문에 위험 요소보다는 주로 기업이 얼마나 이익을 잘 낼 수 있는지를 이야기해. 만약 기업 설명회에 참여한다면 이 점을 유의해서 살펴보아야 해.

이야기 둘

히어로즈 주식회사의
주주가 되어 주세요!

히어로즈 주식회사의 기업 설명회에 가다!

"휠리리, 나 강도상에게도 이런 날이 다 오는구나."

삼촌은 좋은 일이 있는지 자꾸만 휘파람을 불었다. 양복을 차려입고 근사하게 넥타이까지 맸다.

"삼촌, 어디 면접 보러 가?"

하리가 몰라보게 변신한 삼촌을 보고는 눈을 휘둥그레 떴다.

"면접보다 더 중요한 곳이지!"

삼촌이 싱글벙글 웃으며 티켓 한 장을 보여 주었다. 하리의 눈이 아까보다 세 배는 더 커졌다.

"그게 뭐야? 기업 설명회 초대장?"

"빙고! 히어로즈 주식회사에서 기업 설명회를 연대! 설명회에 전설의 히어로즈가 올 테니 당연히 나도 가야지! 으흐흐."

"삼촌, 기업 설명회가 뭔지는 알고 가는 거야?"

하리가 실눈을 뜨고 삼촌을 쳐다보았다.

"내가 그것도 모를까 봐? 사람들 모아 놓고 회사 소개하는 거잖아! 선물도 나눠 준다던데, 전설의 히어로즈 굿즈를 주면 좋겠다! 히히."

삼촌이 헤죽헤죽 웃으며 대답했다. 하리는 한숨을 내쉬었다.

"회사 소개가 목적이면 그냥 광고를 하면 되지! 내가 작년에 주식 학교에서 배웠는데, 기업 설명회는 회사에서 새로 개발한 제품이나 기술을 발표하고, 그동안 회사를 운영한 업적과 성과에 대해 알리는 행사야. 그러니까 자기 회사에 투자해 달라고 적극적으로 투자자를 모으는 행사란 말이야!"

"투자? 난 투자할 돈이 없는데?"

삼촌이 눈을 동그랗게 뜨고 물었다.

"어휴, 할머니가 왜 그렇게 삼촌을 걱정하는지 이제 알겠다! 나도 갈래. 아무래도 삼촌을 따라가야 안심이 될 것 같아!"

"좋아, 네가 같이 가 주면 나야 고맙지!"

삼촌은 하리가 자신과 히어로즈의 사진이라도 찍어 주기를 기대하며 흔쾌히 허락했다.

번화가에 자리한 초고층 호텔 입구에 '히어로즈 주식회사 기업 설명회' 현수막이 걸려 있었다.

"아, 떨려! 그동안 영상으로만 보던 히어로즈를 직접 만난다니……. 하리야, 삼촌 어때? 멋진 것 같아?"

하리는 고개를 설레설레 저으며 호텔 안으로 들어갔다. 하리가 연회장 안으로 들어가려고 하자 검은색 양복을 입은 직원들이 급히 하리 앞을 막았다.

"꼬마야! 혼자 온 거니? 여긴 어린이들이 놀러 오는 곳이 아니니까 딴 데 가서 놀으렴!"

"네? 저도 기업 설명회에 왔는데요. 개인을 대상으로 하는 공개 기업 설명회에는 투자에 관심 있는 모든 국민이 참가할 수 있다고 알고 있어요. 설마 어린이를 위한 착한 기업이라고 하면서 어린이를 따돌리려는 건 아니시죠?"

하리가 눈을 동그랗게 뜨고 묻자 사람들이 웅성거렸다. 삼촌은 괜히 하리가 따라와서 자기도 못 들어가고 쫓겨날까 봐 속이 탔다.

그때 전설의 히어로즈가 호텔 연회장 입구에 나타났다.

"짬뽕 사장이 우리를 오게 하려고 거짓말한 줄 알았더니 진짜 도움이 필요한 어린이가 있었네! 네가 오늘 도움을 요청한 아이니?"

찐봉봉이 하리를 향해 손을 흔들며 인사했다. 하리는 키도 크고 덩치도 큰 히어로들이 몸에 착 달라붙는 알록달록한 의상을 입고 다가오자 부담스러웠다. 삼촌은 얼음이 된 것처럼 눈만 껌벅거렸다. 조금 전까지만 해도 히어로즈를 만나면 사인도 받고 사진도 찍을 거라며 떠들던 모습은 온데간데없었다.

"제가 도움을 요청했다고요? 전 그런 적……."

하리가 말하자 갑자기 삼촌이 하리 입을 막더니 마구 웃었다.

"하하하, 맞습니다. 오늘 히어로즈를 만나는 게 우리 조카의 소원이었거든요! 히어로즈가 이렇게 와 주셨으니 해결되었네요."

하리가 삼촌을 째려보자 삼촌이 입을 지퍼로 닫는 시늉을 했다.

방금 전에 하리를 막던 직원은 히어로즈가 나타나자 어색하게 웃으며 하리를 안으로 안내했다. 하리와 삼촌은 연회장에서 가장 좋은 자리에 앉을 수 있었다.

"어머, 넌 하리 아니니? 여기서 만나다니 정말 반가워!"

옆 테이블에서 단발머리를 한 여성이 하리를 보고 아는 척을 했다.

"앗, 선생님! 안녕하세요?"

하리가 반갑게 인사하자 삼촌이 누군지 궁금한 표정을 지었다.

"삼촌, 내가 다닌 주식 학교 선생님이셔."

"어? 너 그거 그냥 한 소리가 아니었어? 그럼 정말 어린이들이 다니는 주식 학교가 있단 말이야?"

"그러엄! 나 어린이 주식 학교 1기 출신이래도!"

하리가 양손을 허리에 대고 어깨를 으쓱해 보였다. 그 모습을 보고 선생님이 웃으며 말했다.

"네, 맞아요. 방과 후 학교 프로그램이지만 정말 주식에 대해 배우는 어린이 주식 학교랍니다. 저는 주식 학교 교사이자 애널리스트, 한주아라고 해요. 우리 하리가 이렇게 기업 설명회에도 참여하다니 정말 가르친 보람이 있네요!"

선생님이 하리를 향해 엄지를 추켜세웠다. 옆에서 삼촌이 넥타이를 가다듬고는 으스대며 말했다.

"사실 하리는 이곳에 저 때문에……."

이번에는 하리가 갑자기 삼촌 입을 막으며

끼어들었다.

"아, 투자를 하기 전에 기업 설명회에 와서 자세히 알아보는 건 기본이죠!"

이내 연회장의 조명이 꺼지고 앞 무대에만 핀 조명이 켜졌다. 하얀색 정장에 하얀 구두를 신고 선글라스를 낀 남자가 무대 중앙에 서 있었다. 그는 돼지 꼬리처럼 꼬불하게 생긴 앞머리를 검지로 돌돌 말며 헤벌쭉 웃었다.

"기업 설명회에 와 주신 여러분, 진심으로 감사드립니다. 먼저 히어로즈 주식회사의 마스코트이자 이사회를 맡고 있는 전설의 히어로즈를 소개합니다!"

몬테스 잠봉이 외치자 다섯 히어로들이 무대 위로 올라와 손을 흔들었다. 전설의 히어로즈는 하리와 눈이 마주치자 손으로 하트 모양을 만들며 윙크까지 했다. 하리는 어색하게 웃었다.

"와! 전설의 히어로즈다!"

삼촌이 다섯 히어로들의 이름을 부르며 소리를 꽥꽥 질렀다.

"워, 진정하세요! 저는 이곳에 전설의 히어로즈를 있게 한, 히어로즈 주식회사를 이끌고 있는 숨은 영웅이자 대표 이사인 몬테스 잠봉입니다!"

몬테스 잠봉이 두 팔 벌려 자기 이름을 외치고는 스스로 박수를 쳤다. 마치 신호라도 받은 듯이 자리에 앉아 있던 몇몇 직원들이 벌떡 일어나 몬테스 잠봉의 이름을 외쳤다.

"잠봉! 잠봉! 잠봉!"

"하, 무슨 짬뽕이 히어로즈 주식회사의 사장이라고? 전설의 히어로즈가 부하라니 말도 안 돼!"

삼촌은 못마땅한 얼굴로 투덜거렸다.

"전설의 히어로즈가 이사회라잖아. 주식회사의 이사회는 단순히 사장의 부하 직원이 아니야. 오히려 대표 이사를 고용하기도 하고 해임할 수도 있는 힘이 있으니까 걱정 마!"

"우아, 이사회가 그렇게 대단한 거였어? 하리 넌 주식 학교 다녀서 모르는 게 없구나!"

"그럼, 당연하지! 모의 투자 대회에서 일등까지 한 몸이라고!"

하리가 으스대며 말했다. 삼촌은 그저 하리를 신기한 눈으로 바라보았다.

히어로즈 주식회사의 주주가 되다!

"오늘 여러분을 이 자리에 모신 것은 히어로즈 주식회사의 주인이 될 기회를 드리기 위해서입니다!"

"히어로즈 주식회사의 주인이 될 기회?"

삼촌이 눈을 반짝이며 몬테스 잠봉의 말에 귀를 기울였다.

몬테스 잠봉은 히어로즈 주식회사가 얼마나 성과를 냈는지와 미래에 얼마나 성장할 수 있는지를 소개했다.

"여러분이 우리 회사에 투자해 주시면 공모가보다 30퍼센트나 싼 금액으로 주식 지분을 나누어 드리고, 배당금도 약속드리겠습니다.

조만간 코스닥에 상장되기만 하면, 여러분은 엄청난 이익을 얻게 되실 겁니다. 아주 대박 나는 거죠. 이 기회를 절대 놓치지 마세요!"

몬테스 잠봉의 말에 회의장에 모인 사람들이 술렁였다.

삼촌은 울상을 지으며 말했다.

"아이고, 머리야! 하리야, 공모가는 뭐고 주식 지분은 또 뭐니? 배당금이 누구길래 약속을 하고, 무슨 상장을 준다는 거야? 찜닭도 아니고 코스닭은 순서대로 먹는 닭이니? 대체 무슨 말인지 하나도 못 알아듣겠다!"

"삼촌, 하나씩 물어봐! 나도 설명하려면 힘들단 말이야."

하리가 한숨을 푹 내쉬다가 한주아 선생님과 눈이 딱 마주쳤다.

"선생님, 도와주세요!"

한주아 선생님이 웃으며 말했다.

"투자자는 이 회사에 돈을 투자할 사람들을 말하는 거예요. 지금 잠봉 대표는 히어로즈 주식회사의 투자자를 많이 모으기 위해 혜택을 주겠다고 말하는 거랍니다."

"혜택이라니요?"

"음, 투자자에게 지분을 나누어 주겠다고 했잖아요? '지분'은 투자자가 회사의 소유권을 얼마만큼 가지고 있느냐를 말해요. 지분을 받으려면 그 값어치만큼 돈을 내야 하는데, 지금 투자를 하면 공모가보다 30퍼센트나 싼 가격으로 살 수 있게 해 준다는 거예요."

"지분을 받는 게 뭐 좋은 건가요?"

"그럼요. '지분을 갖는다'는 건, '회사가 발행한 주식을 사서 가진다'는 의미예요. 나중에 회사가 번 이익을 투자자에게 나누어 줄 때 가진 주식의 양에 따라 나눠 주거든요. 이렇게 나눠 주는 돈을 '배당금'이라고 해요. 지분이 많다는 건 이 회사 주식을 많이 가진다는 뜻이니, 그만큼 이익을 받을 몫도 많아지겠지요?"

삼촌은 알쏭달쏭한 표정을 지으며 말했다.

"흠, 그런데 갑자기 닭 이야기는 왜 나와요?"

"네?"

"그 코스닭인가 뭔가 말이에요."

한주아 선생님은 그제야 삼촌의 말을 알아차렸다.

"하하, 코스닭이 아니라 코스닥이에요. 우리나라에는 기업의 주식을 사고팔 수 있는 주식 시장이 두 개 있어요. 그중 하나가 코스닥이라는 시장이에요. 실제로 시장에 주식을 내다 파는 건 아니고, 전자 거래를 할 수 있도록 금융 거래 시장에 기업이 발행한 주식을 등록하는 거예요. 이렇게 주식 시장에 등록하는 걸 '상장'이라고 합니다."

"아, 그럼 코스닥에 상장된다는 말은?"

"네, 우리나라 주식 시장에 히어로즈 주식회사가 등록되어 자유롭게 주식을 사고팔 수 있게 된다는 뜻이에요. 코스닥에 아무 회사나 상장이 되는 건 아니에요. 경영을 잘해 왔는지 살피고 조건이 매우 까다로워요. 회사가 상장되면 그만큼 주식을 거래하기가 쉽고 활발해지지요. 인기 있는 주식의 경우 가격이 계속 올라갈 수 있어요."

"아, 그래서 짬뽕 대표가 대박이 난다고 하는 거군요!"

"네, 맞아요. 물론 인기가 없으면 반대로 쪽박이 날 수도 있어요! 이렇게 주식 시장에 상장될 때 처음 매겨지는 주식 가격을 '공모가'라고 해요. 그러니까 저기 있는 몬테스 잠봉 사장님이 지금 투자를 하면 공모가보다 싼 가격으로 주식을 사게 해 주겠다고 약속한 거예요. 이제 아시겠어요?"

선생님이 설명을 마치자 삼촌은 그제야 고개를 끄덕였다.

"역시 한주아 선생님이 최고야!"

선생님과 하리는 찡긋 윙크를 주고받았다.

"지금 투자하기로 마음먹으신 분은 여기 전설의 히어로즈 앞으로 와 주세요! 기념으로 전설의 히어로즈와 멋진 인생 사진을 찍어 드립니다!"

몬테스 잠봉이 무대 위에서 소리쳤다. 하지만 어느 누구도 선뜻 투자를 하겠다고 나서지 않았다. 그때 삼촌이 자리를 박차고 일어났다.

"당장 전 재산을 털어서라도 주식을 사서 주주가 되어야겠어!"

"삼촌! 그렇게 막무가내로 투자를 결정하면 어떡해? 아직 히어로즈 주식회사가 상장이 된 게 아니잖아. 괜히 투자했다가 주식 시장에 상장하지 못하고 회사가 문을 닫아 버릴 수도 있어. 그러면 지금 받은 주식은 아무 값어치가 없어진다고. 휴지 조각이 될지도 몰라. 만일 상장이 되더라도 사람들이 찾지 않으면 선생님 말씀대로 쪽박이 날 수도 있어!"

하리가 삼촌을 말리며 겨우 자리에 앉혔다. 한주아 선생님이 그 모습을 보고 고개를 끄덕였다.

"하리의 말이 맞아요. 하리 삼촌, 투자하기 전에 회사가 수익을 잘 내고 있는지를 알아야죠. 재무제표도 꼼꼼히 살펴보고, 투자해도 될 만한 곳인지 미래 가치도 살펴보셔야죠!"

"재무제표라니요?"

선생님의 말씀에 삼촌이 눈을 동그랗게 뜨고 물었다.

"재무는 재산에 관한 일을 말해요. 그러니 재무제표는 회사의 성적표 같은 거지요. 회사를 잘 경영하고 있는지, 무리하게 빚을 내지는 않았는지, 내가 이 회사에 투자해도 될 만큼 안전한 상태인지 등을 알아볼 수 있어요."

하리가 테이블에 놓인 기업 보고서를 들춰 보았다.

"여기 찾았다!"

주요 재무 정보	최근 연간 실적		최근 분기 실적				
	2019.12	2020.12	2020.03	2020.06	2020.09	2020.12	2021.03
매출액(억원)	4,540	5,625	1,374	1,352	1,317	1,582	1,502
영업이익(억원)	495	539	110	145	119	165	157
당기순이익(억원)	422	488	181	106	70	131	135
영업이익률(%)	10.91	9.59	7.98	10.71	9.04	10.43	10.42
순이익률(%)	9.29	8.67	13.16	7.81	5.30	8.42	8.99
ROE(%)	10.33	8.18	9.45	8.82	7.52	6.94	8.35

하리가 숫자가 가득한 표를 펼쳐 보였다.

삼촌은 숫자만 보고도 머리가 아픈지 고개를 절레절레 흔들었다. 한주아 선생님은 보고서를 천천히 읽어 보았다.

히어로즈 주식회사는 그동안 전설의 히어로즈의 활약에 힘입어 꾸준히 매출액(영업 활동을 통해 얻은 총 수익)이 늘고 있었다. 히어로즈 TV 채널 시청료가 들어오고, 협찬 광고비도 받고 있었다. 게다가 영업 이익(매출액에서 물건을 만드는 데 들어간 원가와 관리 비용을 뺀 이익)도 작년보다 훨씬 늘고 순이익(영업 이익에서 금융 비용이나 법인세 비용 등을 빼고 남은 순수한 이익)도 높은 편이었다.

앞으로 히어로즈 체험관을 열어서 다양한 체험 프로그램을 만들어 수익을 늘릴 계획도 있었다. 여러 가지 사업 계획을 보았을 때 미래 가치도 우수했다.

"흐음, 생각했던 것보다 재무 상태는 괜찮은데? 나중에 상장이 되면 정말 주식 가격이 많이 오를 수도 있겠어!"

"보기엔 엉터리 같은데 저 짬뽕 사장이 회사 운영을 잘하나 봐요!"

선생님의 말에 하리는 믿기 어렵다는 얼굴로 말했다.

"거 봐, 내 말이 맞지? 전설의 히어로즈가 누군데! 난 무조건 투자할 거야!"

삼촌이 으스대며 말했다.

"삼촌, 근데 주식을 살 돈은 있는 거야?"

"후후, 내가 그동안 아르바이트해서 모은 비상금이 있지!"

삼촌은 몬테스 잠봉과 전설의 히어로즈 앞으로 달려갔다.

"짬뽕 사장님, 저도 전설의 히어로즈와 함께하겠습니다! 당장 투자할게요."

짬뽕이라는 말에 몬테스 잠봉은 두 눈을 찌릿하며 째려보았다. 하지만 삼촌이 투자한다는 말에 금세 표정을 바꾸며 대꾸했다.

"역시 현명한 선택이십니다, 주주님!"

몬테스 잠봉이 삼촌 앞에 종이를 내밀었다. 삼촌은 투자 계약서를 대충 훑어보고는 당당하게 계약서에 사인을 했다.

몬테스 잠봉은 삼촌의 투자 금액을 슬쩍 확인했다. 삼촌이 생각보다 적은 금액을 투자하자 몬테스 잠봉은 인상을 찌푸렸다.

그때 하리가 삼촌과 몬테스 잠봉 사이에 끼어들었다.

"저도 투자할게요!"

하리의 말에 삼촌도, 몬테스 잠봉도 눈을 휘둥그레 떴다.

"어허, 이게 무슨 부루마불 보드게임인 줄 아니?"

몬테스 잠봉은 하리를 쫓아내려다가 전설의 히어로즈가 하리 뒤에 버티고 서자 별안간 환하게 웃었다.

"아니, 어린이가 간식 사 먹을 용돈도 부족할 텐데 무슨 투자를 한다는 거니? 여기 멋진 히어로 분들과 마음껏 사진이나 찍고 가렴."

몬테스 잠봉이 최대한 친절한 목소리로 하리에게 말했다. 일부러 웃느라 입꼬리가 떨렸다.

"어린이라고 무시하지 마세요! 지금까지 받은 세뱃돈이랑 용돈이랑 차곡차곡 모아 뒀거든요? 어린이라고 주주가 되지 말란 법은 없

잖아요!"

하리가 당차게 대꾸했다. 그러자 몬테스 잠봉은 뭔가 큰 충격이라도 받은 듯이 입을 쩍 벌렸다.

"그래, 바로 그거야! 내가 왜 진작 그 생각을 못했지? 어린이라고 무시하면 절대 안 되고말고!"

몬테스 잠봉은 투자자를 늘릴 수 있는 아이디어가 떠올라 싱글벙

글 웃었다.

하리는 삼촌과 함께 투자 계약서를 작성하고 나중에 회사가 상장이 되면 공모가의 70% 가격으로 주식을 받는다는 증명서도 받았다. 주식 학교 한주아 선생님은 히어로즈 주식회사가 진짜 상장이 되는지 조금 더 지켜보겠다며 투자를 미루었다.

"하리야, 궁금한 게 생기면 언제든지 주식 학교로 찾아오렴."

하리는 믿음직한 한주아 선생님이 계셔서 든든했다. 삼촌이 전설의 히어로즈에 둘러싸여 기념사진을 찍는 동안, 하리는 선생님과 학교에서 다시 만나기로 약속하고 헤어졌다.

"으흐흐, 이건 나중에 대대손손 가보로 물려줄 거야!"

삼촌은 집에 돌아오자마자 주식 증명서를 내팽개치고 전설의 히어로즈와 찍은 기념사진만 들여다보며 벙싯벙싯 웃었다. 하리는 삼촌 대신 주식 증명서를 챙기며 고개를 설레설레 저었다.

주식회사는 어떤 회사일까?

> 주식회사는 어떻게 생겨났을까? 🔍

오늘날 대부분의 회사는 '주식회사'야. 주식회사는 '주식'을 발행해서 만든 회사를 말해. 주식회사의 주인은 주식을 가진 '주주'들이야. 주주들이 주식을 사면서 내놓은 돈으로 회사는 자본금(사업을 하기 위해 필요한 돈)을 마련하지. 현재 우리나라에 있는 회사 중 약 95%가 주식회사라고 해.

그렇다면 오늘날 회사(기업)가 어떻게 만들어지고 운영되는지를 알려면 주식회사가 무엇인지 꼭 알아야겠지?

주식회사는 17세기 네덜란드에서 시작되었어. 당시 유럽 국가들은 무역 경쟁이 한창이었어. 무역은 다른 나라의 물건을 수입하거나 수출하는 걸 말해. 특히 중국, 인도 등 아시아 국가와 무역을 많이 했지. 힘 있는 유럽 국가들은 아시아 국가로 향하는 배(무역선)를 띄워 거래하려고 애썼어.

네덜란드의 상인들도 무역을 하고 싶었지. 하지만 무역할 배를 마련할 돈이 없었어. 상인들은 어떻게 하면 돈을 구할지 고민했어. 그러다가 기막힌 방법을 떠올렸어. 바로 무역 사업에 관심 있는 사람들에게 미리 돈을 받아 배를 만들고, 무역 사업을 한 뒤에 얻은 이익을 그 사람들에게 나누어 주는 방법이었어.

네덜란드 상인들은 무역 회사를 만든 다음에 돈을 낼 사람들, 즉 투자자를 구했어. 당시 많은 사람들이 무역에 관심이 많았기 때문에 네덜란드 상인들은 쉽게 투자금을 모을 수 있었어.

투자금을 낸 사람에게는 나중에 회사가 벌어들인 수익을 나누어 줄 때 얼마만큼 몫을 받을지(지분)를 표시한 증명서를 주었어. 이 증명서가 바로 오늘날의 '주식'이야. '주식'은 회사의 소유권이야. '지분'은 회사의 소유권을 얼마만큼 가지고 있느냐를 뜻하지.

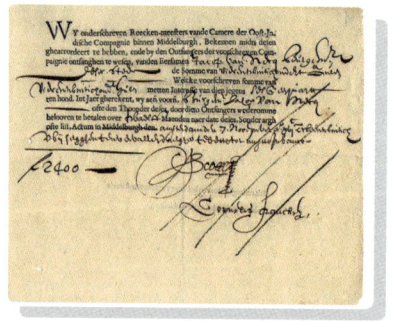

🔖 1622년 네덜란드 동인도 회사 채권

네덜란드 상인들이 세운 회사는 자그마치 650만 길더(옛 네덜란드 화폐)를 모아서 커다란 배를 만들 수 있었어. 그리고 원하던 대로 무역을 해서 많은 이익을 남겼지. 이 회사가 바로 '동인도 회사'야.

상인들은 무역을 해서 번 돈을 투자자들에게 나누어 주었어. 지분에 따라 많이 투자한 사람에게는 많이, 적게 투자한 사람에게는 적게 나누어 주었지. 이렇게 투자한 돈보다 더 많은 돈을 받게 되자 사람들은 너도나도 동인도 회사의 주식 증권을 갖고 싶어 했어. 더 비싼 돈을 내서라도 주식을 사고 싶어 했지. 이미 주식을 가진 사람들은 이런 사람들을 상대로, 자신의 주식을 더 비싸게 팔아치우기도 했어.

이처럼 주식을 사고파는 사람들이 많아지면서 네덜란드의 수도 암스테르담에는 증권 거래소가 생겼어. 증권 거래소는 말 그대로 주식을 사고팔 수 있는 곳이야. 오늘날 우리나라에 한국거래소가 있는 것처럼 주식회사가 있는 거의 모든 나라에 증권 거래소가 있단다.

🔍 1726년 암스테르담의 동인도 회사 조선소

🔍 1670년경 암스테르담 증권 거래소의 안뜰

주식회사의 주인은 누굴까?

어떤 사람이 자기 돈만으로 회사를 차리고 사장이 되었다고 생각해 봐. 그러면 그 사장이 그 회사의 주인이겠지. 앞서 가게와 기업의 차이에서 알아본 것처럼 하리 아빠는 자신의 돈으로 치킨 가게를 차렸어. 하리 아빠는 가게의 주인이자 가게를 운영하는 경영자인 셈이야.

하지만 주식회사의 경우는 달라. 주식회사는 회사의 소유권을 쪼개어 주주들에게 그 소유권을 팔아. 즉, 주주들은 소유권을 사는 데 얼마나 돈을 냈느냐(투자금)에 따라 회사의 소유 지분을 나누어 가져. 회사의 경영자는 주주들이 낸 투자금으로 회사를 운영해. 그러니 주인과 경영자가 다를 수밖에 없어.

'주식'은 회사의 소유권을 뜻한다고 했지? 주식을 가진 '주주'는 곧

회사의 주인이야. 만약 여러 주주가 소유권을 나눠 가졌다고 해 봐. 그중 한 명이 경영자라면 회사의 주인은 그 경영자 한 명일까?

아니야. 지분을 나누어 가진 여러 주주가 모두 주인이야. 경영자는 말 그대로 회사를 관리하고 운영하는 일을 하는 사람일 뿐이지. 만약 경영자가 자기 마음대로 회사를 운영하려고 하면 나머지 주주들은 가만히 있지 않을 거야. 나머지 주주들이 힘을 모아서 경영자를 바꿀 수도 있어.

주식회사는 회사의 주인인 주주들이 직접 경영을 하지 않는 대신, 회사를 잘 이끌 전문 경영인을 고용해서 회사를 운영하도록 맡겨. 이런 사람을 '최고 경영자(CEO)'라고 불러.

최고 경영자는 회사를 잘 운영해서 돈을 많이 번만큼 보상을 받아. 반대로 일을 못하면 이사회와 주주들이 결정해서 경영직에서 물러나게 할 수도 있어. 이처럼 경영자를 평가하거나 보상해 주는 건 모두 주주들이 결정해서 하는 거야.

주주들은 어떻게 회사에 대해 결정할까?

영화나 드라마를 보다 보면 '주주 총회'라는 말이 종종 나와. 반에서 학급 회의를 하는 것처럼, 회사에서도 주요 사항들에 대해 주주들이 회의를 해서 결정해. 이 회의가 바로 '주주 총회'야.

이 회의에서 주주가 의견을 내고 결정하는 권한을 '의결권'이라고 해. 보통 지분을 적게 가진 주주의 경우, 의사 결정에 큰 영향을 끼치지 못한다고 여겨 주주 총회에 잘 참여하지 않아. 하지만 원칙적으로 주식을 1주만 가지고 있어도 누구나 주주 총회에 참여할 수 있어. 또 내 의결권을 다른 사람에게 빌려줄(위임) 수도 있어.

그럼 나도 주주가 되어 볼까?
잠깐! 주식으로 돈을 벌 수도 있지만 잃을 수도 있어!

은행에서 돈을 빌려 기업을 만들면 그 돈은 반드시 갚아야 해. 하지만, 기업의 소유권을 나누어 주고 주주에게 받은 주식 투자금의 경우, 기업이 갚아야 할 의무가 없어. 그래서 기업들은 사업에 실패하더라도 빚을 갚아야 한다는 부담이 적지. 이 말은 주식에 투자하는 사람들의 처지에서는 투자금을 잃을 위험이 크다는 이야기야. 하지만 그만큼 높은 이익을 얻을 기회도 있어서 위험을 감수하고서라도 주식에 투자를 하는 거란다.

회사는 주식을 언제 찍어서 어떻게 팔까?

주식을 사고파는 공간을 '주식 시장'이라고 해. 이 주식 시장은 크게 둘로 구분할 수 있어. 주식을 처음 찍어 내는 '발행 시장'과 그 주식을 사고팔게 하는 '유통 시장'이야.

'발행 시장'은 말 그대로 회사가 주식을 '맨 처음' 찍어서 투자자에게 퍼뜨리는(발행) 시장이야. 그래서 '1차 시장'이라고도 불러. 돈이 필요한 회사가 주식을 발행해서 투자자들에게 판매해 필요한 돈을 모으는 거지.

자, 그렇다면 회사는 주식을 언제 찍어서 퍼뜨릴까? 주로 회사를 만들면서 필요한 자본금(사업을 하는 데 쓰이는 돈)을 처음 투자받을 때, 그리고 주식 시장에 등록하면서 회사의 소유권(지분)을 더욱 잘게 쪼개어 더 많은 투자자를 끌어들일 때야.

회사를 만들면서 처음부터 투자자를 많이 모으기는 어려워. 이제 막 회사가 문을 열었으니 규모도 작고 안정적으로 수익을 내지도 못하기 때문이지. 회사의 가능성을 미리 알아본 적은 수의 사람들만이 투자하게 돼. 회사는 이들에게 주식을 발행해서 회사의 지분을 나눠 주고 필요한 자본금을 얻어. 그래서 사업 초기의 주식회사들은 몇몇 대주주(기업의 주식을 많이 가진 사람)가 회사의 소유권을 가지고 있는 경우가 많아.

어느 정도 회사가 성장하고 꾸준히 돈을 벌게 되면, 회사 주식을 주식 시장에 등록할 수 있어. 이렇게 주식 시장에 등록하는 걸 '상장'이라고 해. '상장'은 곧 유통 시장에서 주식을 자유롭게 사고팔 수 있는 걸 의미해. 이때 거래되는 주식의 수가 많으면 그만큼 일반 투자자들을 많이 모을 수 있고, 회사도 더 많은 자본금을 마련할 수 있게 돼.

그래서 회사는 상장할 때 회사의 소유권을 더욱 잘게 쪼개어 새로 주식을 발행하고(공모주), 원래 몇몇 대주주가 가지고 있던 주식의 일부를 함께 유통 시장에 내놓는 거야. 회사가 발행한 주식들을 유통 시장에서 사고팔 수 있을 때부터 비로소 우리가 아는 제대로 된 주식회사가 된 거라고 볼 수 있어.

> 그러면 회사가 돈이 필요할 때마다 주식을 발행하면 되겠네?

처음 주식을 찍어 내는 것에서 그치지 않고, 회사는 필요할 경우 주식을 더 발행할 수도 있어. 회사 규모가 커져서 공장을 더 짓거나, 근로자를 더 고용하려면 여기에 쓸 돈이 더 필요하잖아. 이를 위해 주식을 발행해서 투자금을 모으는 거지. 이렇게 사업을 늘리거나 보충하기 위해 주식을 더 발행하는 걸 '증자(增資)'라고 해.

만일 회사가 아무 때나 주식을 마구 늘려서 판다면 주식의 값어치는 아주 떨어지게 될 거야. 유통 시장에서 거래되는 주식보다 남아도는 주식 수가 훨씬 더 많기 때문이지. 이럴 때는 반대로 발행된 주식 수를 줄이기도 하는데, 이를 '감자(減資)'라고 해.

그래서 우리나라 법으로 회사는 발행한 '주식의 총수'를 회사 규칙

을 적은 문서(정관)에 반드시 기록해 두어야 해. 그리고 주주를 대표하는 이사회가 승낙해 주어야만 주식을 새로 발행하거나 줄일 수 있어.

배당금 : 회사가 이익을 내면 주주들은 저마다 가진 주식의 양만큼 이익을 나누어 받지. 이것을 '배당금'이라고 해. 회사가 돈을 많이 벌면 주주들도

배당금을 많이 받을 수 있어. 반대로 회사가 돈을 못 벌거나, 벌어서 다시 새 사업에 투자한다면 주주들에게 나눠 줄 돈이 없겠지. 이럴 때는 배당금을 못 받을 수도 있어.

보통주 : 한 회사의 주식 중 표준이 되는 주식을 '보통주'라고 해. 보통주는 회사의 이익이나 재산에 대한 배당뿐만 아니라 의결권을 행사하는 등 '일반적인 권리를 가지는 주식'이야.

우선주 : 보통주와 달리 주주 총회에서 의결권을 행사하지는 못하지만, 이익이나 재산에 대한 돈(배당금)을 먼저 받을 수 있는 주식이야. 그것을 '우선주'라고 해. 주식명 끝에 '우'가 붙으면 '우선주'를 뜻해. 예를 들어, 똑같은 ○○전자 주식인데도 어떤 건 '○○전자'라고 되어 있고 또 어떤 건 '○○전자(우)'라고 표시되어 있어. '우'라고 붙은 게 바로 우선주야. 보통주에 비해 우선주가 조금 더 가격이 싼 편이야.

공모주 : 한 회사가 주식 시장에 상장할 때, 공개적으로 투자할 주주들을 모집하기 위해 새로 발행한 주식을 말해. 싼 가격으로 주식을 팔아서 투자자들에게 인기가 많지만, 막상 상장이 되고 나서 주식 가격이 떨어질 수도 있으므로 공모주에 투자할 때는 주의해야 해.

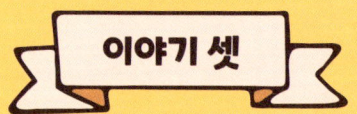

쭉쭉 오르는 주가만큼 욕심도 커지다!

며칠 뒤, 히어로즈TV 채널에서 어린이 주주를 모집하는 광고가 나왔다. 그동안 전설의 히어로즈가 어린이를 도와주는 영상은 수없이 나왔지만 요요팡, 찐봉봉, 밥심, 애니멀걸, 스캐니가 직접 회사 광고를 한 건 처음이었다. 마지막 장면에서 전설의 히어로즈가 한목소리로 외쳤다.

"어린이를 위한 착한 기업에서 어린이가 주인인 회사로!

**세상 모든 어린이가 히어로즈 주식회사의 주인이 될 수 있습니다.
전설의 히어로즈는 언제나 어린이 주주와 함께합니다!"**

전설의 히어로즈를 앞세운 광고 덕분인지 히어로즈 주식회사의 주식은 불티나게 팔렸다. 몬테스 잠봉의 계획대로 순조롭게 코스닥에 상장되었다. 그 결과, 사람들은 증권사 영업점이나 애플리케이션에서 자유롭게 히어로즈 주식을 사고팔 수 있었다.

히어로즈 주식을 사려는 사람이 많아지면서 히어로즈의 주식 가격(주가)은 날이 갈수록 올랐다. 용돈을 모아 히어로즈 주식을 사는 초등학생이 늘면서 '초등개미운동'이라는 유행어가 생겨날 정도였다.

하리네 반 아이들에게도 히어로즈 주식회사의 주식은 단연 인기였다. 아이들은 가장 많은 주식을 가진 아이에게 '왕회장'이라는 별명을 붙여 주었다. 한동안 하리는 반에서 '왕회장 하리'로 불렸다. 하지만 아이들이 부모를 졸라 주식을 사들이면서 왕회장 타이틀은 여러 아이들에게로 넘어갔다. 그래도 투자한 돈에 비해 이익이 큰 것을 따지자면 하리를 따라올 아이가 없었다.

"우리도 하리처럼 일찍 투자했으면 좋았을 텐데! 우리는 하리보다 거의 두 배나 비싸게 주고 주식을 샀잖아!"

아이들이 하리를 부러워할수록 하리는 삼촌을 따라 기업 설명회에 가기를 참 잘했다고 생각했다.

매일 하리는 집에 오면 삼촌과 주식 시장 뉴스를 살피고 주가(주식의 가격)를 확인했다. 코스피 지수와 코스닥 지수가 떨어졌다는 뉴스가 나오면 히어로즈 주식도 가격이 떨어질까 봐 덜컥 겁이 났다.

다행히 히어로즈 주식회사의 주가는 꾸준히 오르고 있었다. 증권사 홈페이지에 들어가 보니, 오늘도 히어로즈 주식회사에는 위로 향하는 빨간색 화살표가 붙어 있었다. 빨간색 화살표가 붙으면 가격이 올랐다는 뜻이다. 하리는 신이 나서 외쳤다.

"와! 삼촌, 우리 이러다 진짜 부자되겠어!"

"야호! 하리야, 뭐 필요한 거 없니? 삼촌이 뭐든 다 사 줄게!"

삼촌도 덩실덩실 어깨춤을 추었다.

"아니지, 이럴 게 아니라 히어로즈 주식을 더 사야겠어!"

삼촌의 말에 하리가 깜짝 놀라 물었다.

"뭐? 주식을 더 사겠다고?"

"그래, 그러면 지금보다 더 많은 돈을 벌 수 있을 거야! 괜히 취업 준비하느라 스트레스 받을 일도 없을 테고 말이야. 으흐흐."

삼촌은 하늘에서 돈이 우수수 떨어지는 상상이라도 하는지 하늘을 올려다보며 해맑게 웃었다.

"삼촌, 그건 히어로즈 주식회사의 주가가 앞으로도 계속 올라야 가능한 일이지! 나는 좀 아닌 것 같아. 솔직히 전설의 히어로즈가 어린이를 돕는 서비스 횟수가 너무 적잖아.

히어로즈TV도 맨날 자극적이기만 하고 감동적인 내용이 없어."

하리는 삼촌이 욕심을 부리다가 큰 손실을 입을까 봐 걱정이 되었다. 하리는 조목조목 이유를 들어 삼촌을 말렸다.

"삼촌, 히어로즈 주식회사는 제품을 만드는 회사가 아니잖아. 서비스를 제공하는 회사라서 이미지가 정말 중요하다고. 만일 안 좋은 소문이라도 난다면 바로 주가가 떨어질지도 몰라. 그리고 요즘은 초등 개미운동 때문에 잠깐 주가가 부풀려진 것일 수도 있어. 그러니까 괜히 욕심 부려서 주식을 더 사지 말고 위험 요소는 없는지 좀 더 꼼꼼히 따져 봐야 해!"

"강하리, 우리 히어로님들이 얼마나 인기가 많은데! 앞으로 주가가 더 오르면 올랐지 왜 떨어져! 난 그 말 못 들은 걸로 한다! 퉤퉤퉤."

삼촌은 허공에 침 뱉는 시늉을 하더니 손바닥으로 귀를 막았다.

"하긴, 지금 삼촌은 주식 살 돈도 없잖아."

그러자 삼촌은 미련을 버리지 못하고 한숨만 푹푹 내쉬었다.

"하늘에서 돈벼락이라도 떨어지면 좋겠다! 어디 돈 나올 구멍 없나."

그날 밤, 삼촌은 저녁을 먹으며 엄마 아빠에게 돈 얘기를 꺼냈다.

"존경하는 형수님, 그리고 형님!"

"애가 갑자기 왜 존칭을 쓰고 그래?"

아빠가 밥 먹다 말고 삼촌을 의아하게 쳐다보았다. 엄마와 하리도 마찬가지였다.

"형, 나 장가가면 축의금 많이 줄 거지? 형수님, 그러실 거죠?"

삼촌이 결혼 축의금 얘기를 꺼내자 엄마 아빠의 눈이 더욱 커다래졌다. 하리는 삼촌이 무슨 꿍꿍이로 저런 말을 꺼내는지 궁금했다.

"뭐야, 그동안 취업 준비하는 줄 알았더니 결혼 준비를 했던 거야?"

"어머, 잘됐다. 삼촌 결혼하는데 당연히 축의금은 듬뿍 드려야죠. 어머니도 알고 계세요?"

아빠 엄마가 기뻐서 연신 물어보았다. 하리는 삼촌에게 언제 결혼할 사람이 생긴 건지 어리둥절했다.

"물론 결혼할 사람이 생기면 두 분처럼 결혼식도 하고, 하리 같은 똑똑한 아이도 낳을 거예요! 언제가 될지는 모르겠지만. 어쨌든 형수님이 축의금 많이 준다고 약속하셨습니다! 그래서 드리는 말인데요, 그 축의금을 지금 미리 좀 주시면 안 될까요?"

"네?"

엄마는 황당한 얼굴이 되었다. 하리는 삼촌의 꿍꿍이를 알아채고 웃음을 터뜨리고 말았다.

"삼촌은 정말 못 말린다니까!"

하리는 엄마 아빠한테 삼촌이 히어로즈 주식회사의 주식을 더 사고 싶어서 그러는 거라고 말해 주었다. 아빠의 눈썹이 꿈틀거렸다.

"강도상! 자기 수준에 맞게 투자를 해야지! 그렇게 욕심 부리면 그건 투자가 아니라 투기야!"

"혀엉. 투, 투기라니!"

"투기지 그럼! 투자는 긴 시간 정성을 쏟고, 노력해서 얻는 거야. 그런데 시간과 노력은 들이지도 않고 순간적인 행운만 바란다면 그건 도박이랑 똑같아! 얼른 정신 차리고 취직 준비나 해!"

아빠 말이 끝나기 무섭게 엄마도 웃으며 덧붙였다.

"삼촌, 축의금은 결혼할 때 진짜 많이 드릴 테니까 얼른 결혼할 상대부터 만드세요!"

엄마 아빠 말에 삼촌은 얼굴이 빨개졌다.

"치, 내가 어떻게든 돈 구해서 두 배 세 배로 불릴 거니까 나중에 부러워하지나 말라고!"

삼촌은 엄마 아빠를 향해 큰소리를 뻥뻥 쳤다.

나쁜 소문과 추락하는 주가

"요즘 히어로즈 주식회사 좀 이상하지 않아? 도움을 요청해도 일이 밀렸다고 접수도 안 해 주더라!"

"나한테는 급한 일이면 돈을 내라고 하던데? 공짜로 서비스를 받으려면 엄청 오래 기다려야 한다고 말이야!"

"정말? 전설의 히어로즈 그렇게 안 봤는데 인기 좀 많아졌다고 바로 배신을 하다니……. 히어로즈 주가도 자꾸 떨어지고 기분 나빠!"

하리네 반 아이들이 삼삼오오 모여 히어로즈 주식회사에 대해 불만을 털어놓았다. 아이들이 하는 말을 듣던 하리는 최근에 본 히어로즈TV가 떠올랐다. 엽기적이고 웃긴 사연만 계속 재방영되고 있었다. 아무래도 아이들의 관심을 끌 만한 자극적인 사연만 골라서 내보내는 것 같았다. 시청률이 올라가자 방송 중간중간에 협찬 광고도 더 자주 나왔다. 히어로즈 주식회사가 광고를 내보내 손쉽게 돈을 벌려고 그러는 것 같았다.

"주주를 모집할 때는 어린이가 주인인 회사라고 그러더니. 그건 돈을 투자받으려고 그냥 한 말이었나 봐! 정의로운 척만 한 거야!"

하리와 반 아이들이 맞장구치며 씩씩거렸다. 하리는 삼촌만큼은 아니지만 그래도 어린이를 돕는 히어로즈를 응원하고 있었다. 그런데 그 모습이 다 연기였다고 생각하니 괘씸했다.

수업이 끝나고 집에 오자 삼촌이 아주 심각한 얼굴로 컴퓨터 화면을 들여다보고 있었다.

"학교 다녀왔습니다! 삼촌, 뭐해?"

삼촌은 증권사 사이트에 들어가 주가 차트를 보고 있었다. 히어로즈 주식회사의 주가 그래프가 아래로 곤두박질하고 있었다. 벌써 며칠째 주가가 떨어지고 있었다.

"도대체 뭔 일이지? 계속 이럴 리가 없잖아!"

삼촌이 머리를 쥐어뜯었다. 하리도 속이 쓰렸다. 그래프에 줄어든

숫자만큼 큰돈을 잃은 기분이 들었다. 그동안 히어로즈 주가가 많이 올랐기 때문에 주가가 좀 떨어져도 원래 투자한 돈(원금)을 손해 보지는 않았다. 하지만 계속 이렇게 떨어지다가는 앞으로는 원금을 잃을 수도 있었다. 하리는 어두워진 삼촌의 표정을 보며 애써 웃었다.

"에이, 삼촌! 주가가 오를 때도 있고 떨어질 때도 있지 뭐! 요 며칠 하락장이라서 계속 파란색 화살표가 붙는 게 좀 충격이긴 하지만. 그래도 전설의 히어로즈니까 금세 상승장으로 바뀌어서 빨간색 화살표가 뜨는 날이 오겠지!"

"그렇겠지? 아, 오늘은 좀 오를 줄 알았는데 정말 큰일이네! 내일부터는 꼭 주가가 올라야 해! 안 그러면 나 망해, 망한다고!"

너무 상심한 것 같은 삼촌의 모습에 하리는 은근슬쩍 걱정되었다.

"삼촌, 불안하면 조금 손해를 보더라도 주식을 파는 게 어때?"

"안 돼! 손해를 보고는 절대 못 팔지! 내일은 오를지 모르잖아."

삼촌은 미련을 버리지 못했다. 하리 역시 당장 주식을 팔까 하다가 삼촌처럼 망설여졌다.

'내일도 주가가 안 오르면 그때 바로 팔아야겠어!'

하지만 그날 저녁, 하리와 삼촌은 큰 충격에 빠졌다. 히어로즈 주식회사의 비리에 대한 뉴스가 나왔기 때문이다.

"어린이를 위한 착한 기업이라는 슬로건으로 인기를 얻은 히어로즈 주식회사가 각종 의혹에 휩싸였습니다. 고객에게 고액의 뒷돈을 받고 심부름을 해 주었다는 제보가 잇따랐으며, 히어로즈TV에 전설의 히어로즈의 활약이 반복 사용되는 등 조작이라는 제보가 들어왔습니다. 또한 대표 이사인 몬테스 잠봉 씨가 직원들에게 일부러 월급을 안 주고 회사 공금을 개인 계좌로 빼돌렸다는 의혹도 나왔습니다. 이러한 의혹들로 오늘도 히어로즈 주식회사의 주가는 급격히 떨어졌습니다. 사실을 확인하기 위해 회사 측에 인터뷰를 요청했으나 대표 이사인 몬테스 잠봉 씨와 이사회에 소속된 전설의 히어로즈는 며칠째 응하지 않고 있습니다."

뉴스가 나온 다음 날, 히어로즈 주가는 더욱 폭락하고 말았다. 뉴스가 보도되기 전에 미리 정보를 들은 전문 투자자들은 대부분 주식을 발 빠르게 팔아 치운 상황이었다. 정보를 늦게 들은 일반 투자자들만 아직 주식을 팔지 못한 채, 주식 가격이 바닥으로 떨어져 고스란히 손해를 입고 말았다. 특히 어린이 주주들이 가장 큰 피해자였다.

"제가 용돈을 모아서 산 주식이 코 푼 휴지처럼 될지도 모른대요! 엉엉. 내 용돈 돌려주세요!"

뉴스에서는 어린이들이 충격에 빠져 우는 모습이 연일 나왔다. 어

린이들 사이에 끼여 누구보다 더 충격에 빠진 어른도 있었다.

그날 밤, 삼촌은 엉엉 울며 그동안 몰래 히어로즈 주식회사의 주식을 더 샀다고 털어놓았다. 그것도 카드 회사의 신용 대출을 받아서! 직장에 다니지도 않고 신용 점수도 낮아서 삼촌은 비싼 이자를 내는 카드 대출을 받았던 것이다.

두 배, 세 배로 돈을 불릴 거라고 큰소리치던 삼촌은 결국 빌린 돈의 이자도 내지 못해 빚만 두 배, 세 배로 늘리게 되었다.

주가는 무엇이고
주식은 어떻게 사고팔까?

주가는 무엇을 말하는 걸까?

자, 이제 회사는 필요한 자금을 모으기 위해 주식을 발행해서 팔고, 투자자들은 그 주식을 사서 회사에 투자함으로써 미래의 이익을 나눠 갖는다는 걸 알겠지?

시장에서 물건을 사고팔듯이 주식도 주식 시장에서 사고팔아. 돈이 있으면 어린이들도 주식을 살 수 있지. 주식을 사는 것을 '매수'라고 하고, 반대로 가진 주식을 파는 것을 '매도'라고 해. 이때 사거나 파는 주식의 가격을 '주가'라고 해.

흔히 주가가 오른다는 말을 많이 써. 이것은 주식의 가격이 올랐다는 말이야. 내가 처음 산 주식의 가격보다 지금 주식의 가격이 올랐다는 뜻이야. 지금 오른 주식을 판다면 처음 샀을 때보다 더 많은 돈을 받게 되겠지? 그렇게 주가가 올랐을 때 팔면 오른 금액에서 원래 샀던 때의 금액을 뺀 만큼 이익을 얻게 되는 거야.

주식은 왜 사고파는 걸까?

주식을 산 사람들(주주)은 회사가 이익을 많이 내서 자신이 받는 돈(배당금)이 많기를 바라. 혹은 주가가 올라서 주식 시장에 되팔아서 큰돈을 벌기를 바라지. 그러려면 이익을 많이 내는 회사의 주식을 갖고 있어야겠지? 그래서 이익이 적게 나는 회사의 주식은 팔고, 이익을 많이 내는 회사의 주식을 사들이는 거야.

주식을 사거나 팔 때는 여러 가지 기준으로 판단해. 막연히 싼 가격의 주식을 샀다가 이 주식 가격이 오르기를 기대해서는 안 돼. 주식 가격이 낮아도 회사가 이익을 제대로 거두지 못하면 가격이 더 떨어질 수도 있거든. 이런 주식을 사게 되면 '원래 낸 돈(원금)'을 다 잃고 큰 손해를 볼 수도 있어.

그래서 회사가 어떻게 일하는지, 얼마나 이익을 내는지를 공부하고 주식을 사야 해. 동화 속 한주아 선생님이 말한 재무제표 등도 살펴보면서 말이지. 따라서 주식은 사고파는 기준이 '기업의 미래 가치'에 있다고 봐도 과언이 아니야.

만일 어떤 회사가 지금은 사정이 좋지 않지만 앞으로 더 많은 이익을 낼 수 있다고 판단이 되면 주식을 사기도 해. 앞으로 주식 가격이 오를 것을 기대하고 사는 거지. 반대로 지금은 괜찮아 보이는 회사여도 나쁜 소문이 돌거나, 위험 요소가 많다면 앞으로 회사의 주식 가격이 떨어질 위험이 크니 팔기도 하지.

주식을 사려면 어느 시장으로 가야 할까?

앞서 우리는 주식의 '발행 시장'을 살펴보았어. 발행 시장은 회사가 주식을 처음 찍어 파는 시장이야. 하지만 대부분의 거래는 이 발행 시장이 아니라 유통 시장에서 이루어져. 만일 우리가 지금 어떤 회사의 주식을 사거나 판다면 '유통 시장'에서 해야 해.

자, 유통 시장은 어떤 곳일까? 흔히 뉴스나 매체에서 주식 거래소 풍경이 나오지? 그곳이 바로 유통 시장이야. 거기에 회사마다 자기 주식 문서를 들고 나와서 사고팔고 있을까?

아니, 그렇지 않아. 거래소에는 어마어마한 그래프와 전산망으로 수치들이 표현된 커다란 화면들만 나와 있어. 왜냐하면 주식은 물건처럼 직접 주식 시장에 들고 나가서 파는 게 아니기 때문이야.

주식을 팔려는 사람이 얼마에 팔겠다고 증권사에 주식을 맡기면, 증권사는 주식을 팔려는 사람과 사려는 사람을 연결해서 주식을 사고팔 수 있게 해 주지. 증권사는 공짜로 그 일을 해 줄까? 아니야. 그 일을 해 준 대신 수수료를 받아 돈을 벌지.

주식을 팔려는 사람　　　주식을 사려는 사람

우리나라는 한국거래소(KRX)를 통해 주식을 사고팔게 돼. 우리나라를 대표하는 주식 유통시장으로는 크게 두 가지가 있어. 바로 코스피 주식 거래 시장과 코스닥 주식 거래 시장이야. 이 두 시장은 어떤 차이가 있을까?

코스피는 뭐고 코스닥은 뭐야?

코스피(KOSPI, Korea Composite Stock Price Index의 줄임말)는 우리말로 '한국 종합주가지수'야. 코스피 시장은 1965년에 처음 문을 열었지. 현재 코스피에 상장된 기업들은 주로 우리나라를 대표하는 대기업들이야. 큰 기업이 상장되어 있어서 거래 규모도 큰 시장이야. 회사 규모가 크고 실적이 탄탄한 회사만 상장할 수 있어. 그래서 사람들은 안전하게 돈을 투자할 수 있어. 하지만 안전한 만큼 돌려받는 이익은 적은 편이야.

코스닥(KOSDAQ, Korea Securities Dealer Automated Quotation의 줄임말)은 우리나라 제2의 주식 시장으로 불려. 1996년에 문을 열었는데, 벤처 기업(주로 컴퓨터 관련 분야나 생물 공학 분야의 전문 지식과 새로운 기술을 가지고 창조적이고 모험적으로 경영하는 소규모 기업)이나 탄탄한 중소기업이 상장되어 있어. 코스피에 비해 덩치가 작은 기업들이 모여 있다고 무시해서는 안 돼. 매출이나 규모는 작아도 성장성과 잠재력을 갖춘 기업이 많거든.

하지만 그런 만큼 갑자기 크게 성장하는 기업도 있고, 반대로 쉽게 위기에 빠지는 기업도 있어. 그래서 코스피에 상장된 기업보다 주식이 오르고 내리는 폭이 큰 편이야. 코스닥에 상장된 기업은 매출이 많아지면 코스피로 옮겨 갈 수도 있어.

오르락내리락, 주식의 가격은 어떻게 결정될까? 🔍

주식 가격은 '주가'라고 했지? 주가는 물건의 가격처럼 딱 정해진 가격이 아니야. 주가는 언제든 변할 수 있어. 어떻게 변하냐고? 바로 주식 시장에서 사려는 사람과 팔려는 사람에 따라서 변해.

주식 가격이 오를 때

↑ 주식을 사려는 사람들

주식을 팔려는 사람보다 사려는 사람이 많으면 주가가 올라. 당연하지. 예를 들어, 내가 팔려는 물건이 딱 하나만 있는 물건이라고 해 보자. 그런데 그 물건을 찾는 사람은 여러 명이야. 그럼 그 사람들 중 가장 비싼 값을 주겠다는 사람에게 물건을 팔겠지?

주식 가격도 그래. 내가 팔려는 주식을 사려는 사람이 많다고 해 보자. 사려는 사람은 주식을 얻기 위해 더 비싼 값을 치르려고 할 거야. 그러니 주식의 가격은 점점 비싸게 매겨질 수밖에 없겠지.

주식 가격이 내릴 때

주가가 오르는 것과 반대 상황이야. 주식을 사려는 사람보다 주식을 팔려는 사람이 더 많은 거지. 나는 팔 물건이 아주 많은데 사려는 사람은 별로 없어. 즉, 인기가 없는 거야. 몇 안 되는 사람들에게 인기 없는 물건을 팔려면 가격을 내려야겠지. 이럴 때 주식 가격이 내려가.

그밖에도, 사업을 잘해서 이익을 많이 내는 회사의 주식은 비싸. 아무래도 그런 주식을 가지고 있으면 배당금을 많이 받을 수 있으니까 주식을 사려는 사람이 많겠지.

또한 주가는 경제 사정에 따라 달라지기도 해. 보통 경제 상황(경기)이 좋을 때는 주가가 올라가. 경제 상황이 좋으면 사람들도 돈을 많이 버니까 물건도 잘 팔리거든. 반대로 경기가 나쁠 때는 주가도 떨어져. 물건이나 서비스가 잘 팔리지 않으니 회사도 돈을 잘 못 벌기 때문이야.

경제가 안 좋은데도 주식이 오르는 이유

앞서 주식을 살 때는 '회사의 미래 가치'를 보고 산다고 했어. 그래서 지금 경제가 아무리 나빠도 앞으로 좋아질 것 같으면 주가는 오르기도 해. 반대로 기업 이익이 현재 최고이고 경제 성장률이 높아졌어도 앞으로 전망이 나빠질 것 같으면 주가는 떨어져.

보통 주가는 경제나 기업 실적을 6개월 앞서 반영한다고 해. 그런데 타임머신이 있는 것도 아니고 앞으로 경제가 좋아질지, 안 좋아질지 어떻게 알까?

바로 경제를 예측하는 지표를 보고 알 수 있어. 체계적으로 미래 경제를 예측하는 지표들이 있어. 가장 대표적으로 매달 '통계청'에서 발표하는 '경기선행지수'가 있어.

경기선행지수는 3~6개월 후의 '경기(거래가 활발히 이루어지는지 나타내는 경제 활동 상태)'를 예측해 수치로 발표한 거야. 기업의 제품 재고가 얼마나 쌓여 있는지, 기업이나 소비자들의 경제 심리는 어떤지, 수출·수입 물가는 얼마나 오르고 내리는지, 코스피 지수는 얼마

🗨 e-나라지표의 화면

나 오르는지 등을 지수로 나타내지.

우리나라는 수출을 해서 돈을 많이 벌어들여. 그래서 우리나라 경제뿐만 아니라 세계 경제 상황도 살펴보아야 해. 세계 경제를 살펴볼 수 있는 자료도 있어. 바로 '경제협력개발기구(OECD)'에서 발표하는 '경기선행지수'야. 전 세계, 선진국, 신흥국 및 나라별 데이터가 매달 발표되어 앞으로의 세계 경기 흐름을 예측하는 데 중요한 지표가 되지.

이러한 지표들은 정부에서 'e-나라지표'라는 사이트에 모두 올려놓았으니 누구나 언제든지 살펴볼 수 있어.

어때? 주가를 미리 예측하려면 경제 공부를 정말 열심히 해야겠지? 주식 투자를 하려면 단순히 싼 주식을 사는 것이 아니라 이처럼 다양한 경제 공부를 해야만 해. 벌써부터 어려울 것 같다고?

걱정하지 마. 조금 어려운 용어들이 나오기는 하지만 경제 공부는 하면 할수록 신기하고 재미있는 부분이 더 많거든. 회사 운영과 경제 활동에 관심을 가지면 세상을 더욱 폭넓게 볼 수 있게 될 거야.

다른 나라의 주식 시장도 살펴볼까?

주식회사가 있는 모든 나라에 증권거래소가 있어. 주식을 사고팔려면 당연히 주식 시장이 있어야 하니까. 전 세계적으로 유명한 주식 시장으로 뉴욕증권거래소, 나스닥, 상하이증권거래소, 일본거래소, 홍콩증권거래소 등이 있어. 여기서는 세계 최대 주식 시장인 '뉴욕증권거래소'와 '나스닥'에 대해 알아보기로 해.

뉴욕증권거래소(NYSE, New York Stock Exchange)는 뉴욕 월스트리트 11번가에 있는 세계 최대의 주식 거래소야. 그야말로 미국 경제의 상징과도 같은 곳이지.

뉴욕증권거래소 건물은 겉

2015년 뉴욕 증권거래소의 모습
ⓒ2015, Jeffrey Zeldman

103

보기에는 고전풍이지만 내부는 현대식으로 지어졌어. 9.11 테러 사건이 일어나기 전에는 건물 내부를 구경하는 관광 코스도 있었대. 하지만 현재는 관계자 외에 들어갈 수 없다고 해.

뉴욕증권거래소에는 전통적으로 주식 거래의 시작을 알리는 '오프닝벨'이 있어. 영화를 보면 가끔 나오기도 해. 영화에서 꽹과리 소리처럼 시끄럽게 울리는 종소리가 나오는데 그게 바로 오프닝벨이야. 미국 동부 시간 기준으로 평일 9시 30분에 울려.

원래 이 벨은 자동으로 울리지만 행사가 있을 때는 직접 울려. 그런데 매일 같이 오프닝벨 행사가 있어서 자동으로 울리는 날을 찾기가 더 힘들대. 새로운 상장사가 뉴욕 증권 시장에 처음으로 얼굴을 내미는 경우, 신규 상장사 대표가 나와서 벨을 누르는 행사로 유명해.

미국을 대표하는 또 다른 주식 시장으로 나스닥(NASDAQ, National Association of Securities Dealers Automated Quotation)이 있어. '전미 증권업협회 주식시세 자동 통보체계'의 줄임말이야. 말이 되게 길지? 나스닥은 뉴욕증권거래소와 마찬가지로 뉴욕 월스트리트에 있어. 1971년에 설립되었고, 미국의 벤처 기업들이 자금을 쉽게 마련하도록 시스템이 갖추어져 있지. 뉴욕증권거래소와 달리, 나스닥은 컴퓨터를 이용한 자동 거래 시스템을 구축했어. 시가 총액을 기준으로 뉴욕증권거래소에 이은 세계 2위의 주식 거래소야.

　벤처 기업을 위해 만들어진 시장답게 마이크로소프트, 인텔, 구글, 애플 등 세계적인 IT기업들이 상장되어 있어. 나스닥이 성공하자 세계 각국에서 나스닥과 유사한 벤처 기업 위주의 주식 시장을 만들었어. 그중 하나가 우리나라의 코스닥이지.

히어로즈 주식회사, 최대 위기를 만나다!

악당으로 내몰린 전설의 히어로즈

 몬테스 잠봉은 아주 치밀하게 준비했다. 준비 기간까지 몇 년을 견뎠는지 모른다. 머리를 굴릴 때마다 검지로 돌돌 만 앞머리가 꼬불거리다 못해 스프링처럼 변할 지경이었다. 젊은 시절부터 갈고 닦은 거짓말과 사기 기술은 전설의 히어로즈를 만나 드디어 꽃을 피웠다.
 원래 몬테스 잠봉은 엑스트라 배우였다. 그러다 경제에 대해 잘 모르는 히어로즈를 촬영장에서 보고 기가 막힌 아이디어가 떠올랐다.
 '그래, 전설의 히어로즈를 이용해 주식회사를 차리는 거야! 악당을 무찌르는 정의로운 히어로들이 아이들을 도와주는 기업! 누구나 좋아할 게 분명해. 처음에는 유튜브에 전설의 히어로즈가 아이들을 돕는 영상을 올려 인기몰이를 한 다음, 점점 사업을 키워서 개인 방송국까지 운영하는 거지! 전설의 히어로즈를 이사회에 앉혀 주자. 그리고 초기 자본금을 나눠서 내자고 하는 거야! 멍청한 히어로들은 당연히 그래야 하는 줄 알겠지? 그런 다음, 회사 운영이 어려우니 당분간 월급을 못 준다고 해야지. 그리고 주식을 발행해서 투자금을 모으고 그 돈을 싹 챙겨서 몰래 해외로 떠나는 거야! 후후.'

전설의 히어로즈를 꾀는 방법은 생각보다 쉬웠다. 그들이 간절히 원하는 것을 들어주기! 전설의 히어로즈에게 정의로운 영웅의 이미지와 사랑받던 시절을 되찾아 주겠다고 미끼를 던지니, 그들은 덥석 물었다. 물론 찐봉봉이 의심했지만, 몬테스 잠봉은 임기응변으로 넘어갈 수 있었다. 전설의 히어로즈를 끌어들이자 일은 술술 풀렸다.

몬테스 잠봉은 한동안 남을 속이는 일보다는 회사를 이끄는 데 더 공을 들였다. 히어로즈TV의 인기도 높아지고 광고 수익도 꽤 짭짤했다. 마지막으로 주식을 발행해 투자금을 챙겨 떠날 생각이었는데 기업 설명회에 온 어떤 여자아이 덕분에 돈을 더 부풀릴 방법을 깨달았다. 그건 바로 코흘리개 어린이들의 주머니를 터는 것! 어린이 주주를 모집해서 투자금을 더 모을 수만 있다면 나쁠 것도 없었다.

몬테스 잠봉은 어린이 주주를 공개적으로 모집해 어린이들의 용돈을 투자받았다. 탄탄한 자금으로 코스닥에 상장까지 했다. 거기다 운도 따랐는지 초등개미운동까지 일어나 너도나도 앞다투어 히어로즈 주식회사의 주식을 샀다. 사려는 사람이 많으니 당연히 주가는 하늘 높은 줄 모르고 쭉쭉 올랐다. 다시 말해, 몬테스 잠봉은 처음 계획보다 훨씬 더 큰 성공을 거둔 것이다.

그뿐만이 아니었다. 몬테스 잠봉은 히어로즈에게 도와 달라고 요청한 아이들에게 몰래 심부름 비용을 받았다. 처음에는 순수하게 아이들의 제보를 받아 그냥 도와주었다. 하지만 히어로즈TV 채널이 인기가 많아지자 아이들에게 텔레비전에 나오는 대가로 돈을 받고 제보 내용도 조작했다. 아이들과 부모님에게 조작과 비용에 대해서는 절대 말하지 않겠다는 비밀 유지 각서도 쓰게 했다.

하지만 바보 같은 전설의 히어로즈는 자신들이 아무런 대가 없이 정의롭게 아이들을 도와주고 있다고 굳게 믿었다. 히어로즈는 다시 인기를 얻게 되자 자아도취에 빠져 회사가 어떻게 운영되는지는 전혀 관심을 보이지 않았다.

몬테스 잠봉은 그렇게 악착같이 회사의 돈을 긁어모았다. 또 자신이 가진 모든 주식을 며칠에 걸쳐 몰래 주식 시장에 내다 팔았다.

갑자기 팔리는 주식이 많아지자 히어로즈 주식회사의 주가는 일시에 떨어졌다. 주가가 떨어지자 사람들은 불안해져서 덩달아 자신의 주식을 팔기 시작했다. 그 바람에 히어로즈 주식회사의 주가는 더욱 바닥으로 곤두박질쳤다.

주주들 사이에 대혼란이 일어났다. 이 틈을 타 몬테스 잠봉은 모든 주식을 처분하고, 주식을 판 돈을 암호 화폐로 바꾸어서 꽁꽁 숨겼다. 그리고 마침내 오늘, 전설의 히어로즈에게 메모 한 장만 달랑 남겨 두고서 감쪽같이 사라져 버린 것이었다.

> 이 바보 멍청이 히어로들아, 그동안 고마웠다!
> 뒷일은 이사회인 너희가 알아서 감당하도록!
> - 대표이사 몬테스 잠봉

전설의 히어로즈는 몬테스 잠봉에게 뒤통수를 맞았다는 것을 깨닫고 큰 충격에 빠졌다. 하지만 히어로즈의 수난은 이제부터 시작이었다. 회사는 운영할 돈이 남아 있지 않아서 파산하기 일보 직전이었다. 그로 인해 히어로즈 주식회사의 주식은 상장이 폐지될 위기에 빠

졌다. 수많은 사람들이 히어로즈 주식회사로 몰려왔다. 대부분 주식을 샀다가 피해를 입은 어린이 주주들과 부모님이었다.

"전설의 히어로즈는 투자금을 즉각 보상하라! 보상하라!"

"아이들에게 피눈물이 웬 말이냐! 책임져라! 책임져라!"

"너희는 전설의 히어로즈가 아니라 어린이들의 희망을 무너뜨린 최악의 악당이다! 악당이다!"

지구를 구하기 위해 수많은 악당을 무찔러 온 전설의 히어로즈였지만, 자신들이 악당 취급을 받게 될 줄은 꿈에도 몰랐다.

"우리는 그저 어린이들을 도와주려고 했을 뿐인데……."

전설의 히어로즈는 억울했지만 아무런 변명도 못했다.

전설의 히어로즈 못지않게 좌절감에 빠진 삼촌은 방에 콕 박힌 채 앓아누웠다. 삼촌은 주식을 싼값에 내놓았지만 모두 팔지 못했다. 더 이상 히어로즈 주식회사의 주식을 살 투자자가 없었기 때문이다.

엄마 아빠는 은행에서 대출을 받아 삼촌의 카드 빚을 대신 갚아 주었다. 카드 회사의 대출보다 은행에서 돈을 빌리면 훨씬 이자가 싸기

때문에 엄마 아빠가 큰마음을 먹고 대신 채무를 갚아 준 것이다.

삼촌은 면목이 없어서 더욱 풀이 죽었다.

"도상아, 너무 괴로워하지 말고 얼른 정신 차려서 취직부터 하자. 매달 월급을 받으면 금세 돈을 다시 모을 수 있을 거다. 힘내!"

아빠가 삼촌을 위로했지만 삼촌은 우울한 얼굴로 대꾸했다.

"어디 취직하기가 쉽냔 말이야. 주식으로 돈을 버나 했더니 빚만 잔뜩 생기고……. 내 인생은 왜 이렇게 자꾸 꼬이기만 하냐고!"

삼촌의 신세 한탄을 듣던 아빠는 엄격한 목소리로 나무랐다.

"강도상, 아직도 정신 못 차렸어? 내가 지난번에 말했지? 제대로 공부하고 주식을 사야지 꼼수만 노리면 그건 투자가 아니라 투기라고! 너처럼 경제적인 기반이 하나도 없는 녀석이 덜컥 카드 빚을 내서 주식을 사는 게 어디 정상이냔 말이야! 괜히 운이 없었다고 탓하지 말고, 노력하지도 않고 한탕 벌려고 했던 욕심부터 싹 내다 버려! 그 욕심이 화를 불러 온 거라고!"

아빠 말에 삼촌은 아무 말도 하지 못한 채 눈물만 뚝뚝 흘렸다.

하리는 아빠와 삼촌의 대화를 듣고는 결심했다. 이대로 히어로즈 주식회사의 주식이 휴지 조각으로 변하는 꼴을 가만히 두고 볼 수는 없다고 말이다.

히어로즈 주식회사, 주주 총회를 열다!

하리는 히어로즈 주식회사를 살릴 수 있는 좋은 방법이 없을지 궁리했다. 그러다 어린이 주식 학교의 한주아 선생님을 떠올렸다. 하리는 한달음에 한주아 선생님을 찾아갔다.

"선생님, 히어로즈 주식회사를 살릴 방법이 없을까요?"

한주아 선생님은 하리를 보자 꼭 안아 주었다.

"아이들 피해가 커서 안 그래도 걱정이 많이 되었단다. 너무 짧은 기간에 빨리 성장한 회사에 투자할 때는 더욱 주의가 필요한 법이거든. 우선 히어로즈 주식회사가 정상적으로 운영되려면 전설의 히어로즈가 꼭 있어야 해."

한주아 선생님은 전설의 히어로즈가 이사회 일원이고, 실제로 회사의 이미지를 맡고 있으니 지금 사태를 해결하기 위해서 꼭 필요하다고 했다. 이사회로서 주주들을 모아 총회를 여는 것은 물론, 회사를 운영하는 데 결정해야 할 일들이 많았다. 그동안 전설의 히어로즈가 활약해서 회사를 성장시킨 만큼, 전설의 히어로즈가 어떻게 하느냐에 따라 회사의 앞날이 결정되었다. 오히려 위기를 이겨 내고 앞으로 회사가 더 성장할 수도 있었다.

하리는 하루 빨리 전설의 히어로즈를 만나 회사에 대해 무슨 생각을 하는지 들어 보기로 했다. 하지만 전설의 히어로즈가 자취를 감추는 바람에 만날 수 없었다.

"삼촌, 우리 이렇게 가만히 있지 말고 전설의 히어로즈를 찾으러 가자!"

하리는 자신의 계획을 삼촌에게 말해 주었다. 방에 틀어박혀 있던 삼촌이 하리의 말을 듣고는 눈을 반짝였다.

"히어로즈를 찾는 건 식은 죽 먹기지! 전설의 히어로즈에 관한 거라면 뭐든 다 알고 있으니까!"

삼촌은 전설의 히어로즈가 숨어 있을 만한 곳을 몇 군데로 추렸다.

그중에서 가장 의심스러운 곳이 있었다. 바로 전설의 히어로즈가 활발하게 악당을 무찌르던 시절에 쓰던 관제 센터였다. 이제는 더 이상 제 기능을 하지 못하고 인적도 뜸한 곳이었다.

하리와 삼촌은 관제 센터로 찾아갔다. 갑자기 사방으로 흩어지는 발자국 소리가 들렸다. 전설의 히어로즈가 이곳에 숨어 있을 거라는 삼촌의 추측은 정확히 들어맞았다.

"이봐요, 히어로즈! 숨바꼭질 시간은 다 끝났어요! 거기 있는 거 아니까 얼른 나오세요! 우리 같이 히어로즈 주식회사를 살릴 방법을 찾아보자고요!"

텅 빈 공간으로 하리의 목소리가 쩌렁쩌렁 울려 퍼졌다.

"우리는 더 이상 영웅이 아니야. 그냥 사람들 기억 속에서 하루 빨리 잊히고 싶어. 그러니까 제발 그만 돌아가 줄래?"

요요팡이 구석진 곳에서 풀 죽은 목소리로 대꾸했다.

"사람들한테서 잊히고 싶다니요? 아직 팬들은 잊을 마음이 없는 거 같은데요? 한 번 팬은 영원한 팬이잖아요! 우리 삼촌이 그랬어요!"

하리 말에 삼촌이 엄지를 추켜들었다.

"얼마 전 뉴스에서 못된 짬뽕 사장에 대한 의혹이 전부 사실이라고 밝혀졌어요! 전설의 히어로즈가 그동안 이사회로서 왜 짬뽕 사장을

말리지 않았는지 원망스럽긴 해요. 하지만 우리처럼 히어로즈도 짬뽕 사장한테 속은 거니까 한 번 더 기회를 드려야 한다고 생각해요. 그러니까 전설의 히어로즈가 이사회로 나서서 히어로즈 주식회사도 살리고 주주들도 살리고 히어로즈의 명예도 되찾으시길 바랄게요!"

하리가 똑 부러지게 말하자 전설의 히어로즈가 쭈뼛쭈뼛 모습을 드러냈다. 그동안 마음고생을 많이 했는지 다들 얼굴이 핼쑥했다. 심지어 요요팡은 눈물, 콧물까지 흘리고 있었다.

그 모습을 본 삼촌도 히어로즈를 따라서 울었다. 하리는 코끝이 찡하면서도 알록달록한 스판덱스 의상을 입은 히어로즈와 삼촌이 함께 눈물을 흘리는 모습을 보니 왠지 웃음이 나오려고 했다.

"그런데 말이야, 우리는 뭘 해야 하는지 하나도 모르겠어! 도대체 이사회가 뭘 할 수 있는데?"

밥심이 눈물 젖은 주먹밥을 우적우적 씹으며 말했다.

"지금까지 한 번도 이사회 활동을 안 하신 거예요?"

하리가 묻자 전설의 히어로즈는 고개를 끄덕였다.

"어휴, 정말 짬뽕 사장 혼자서 제 맘대로 회사를 운영한 거네요!"

하리는 이렇게 엉터리 회사인 줄도 모르고 애써 모아 둔 세뱃돈과 용돈을 몽땅 투자한 자신이 바보 같았다.

"여러분은 이사회지만 회사 경영에 대해서는 제대로 아는 게 없어요. 그러니 우선 이사회의 권한을 써서 주주 총회를 열어 보는 게 어때요? 주주들의 의견을 들어 보면 회사를 살릴 좋은 방법을 찾을지도 모르잖아요!"

하리가 또랑또랑하게 의견을 내자 전설의 히어로즈와 삼촌이 물개처럼 박수를 쳤다.

"와, 제법인데!"

하리는 칭찬을 받고 어깨를 으쓱해 보였다. 이어서 하리가 손등을 내밀자 전설의 히어로즈와 삼촌이 손바닥을 그 위로 겹쳤다.

"자, 그럼 다 같이 힘 모아서 해 보는 거예요!"

"물론이지, 우리는 출동 준비 완료!"

모두 한목소리로 외치고는 모처럼 환하게 웃었다.

전설의 히어로즈는 하리의 도움을 받아 주주 총회를 여는 방법과 주식회사를 경영하는 방법에 대해 공부하기 시작했다. 한주아 선생님과 전문 경영인에게 조언을 듣고 책도 읽으며 빠르게 경제와 경영에 대해 배웠다.

"진작에 경제 공부를 할걸! 주식이 뭔지, 투자가 뭔지 하나도 모르면서 겁도 없이 주식회사 이사회를 맡다니 정말 어리석었어!"

전설의 히어로즈는 뒤늦게 후회했다. 더 이상 후회하지 않기 위해서라도 열심히 공부하고 또 공부했다. 유치찬란했던 과거에서 벗어나 미래로 한걸음씩 나아가는 중이었다.

스캐니는 몬테스 잠봉이 남기고 간 회사 컴퓨터에서 주주 명단을 찾아 기억한 후 주주들에게 총회를 알리는 메시지를 전달했다.

하리는 반 아이들에게 그동안 몬테스 잠봉이 얼마나 큰 잘못을 저질렀는지 알렸다. 뒷돈을 몰래 받으며 히어로즈TV 채널을 마음대로 운영하고 회사 공금을 빼돌린 일, 회계를 조작해 매출 성과를 부풀리는 등 분식 회계를 저지른 일, 주식을 몰래 내다 팔아 주식 시장을 혼란에 빠트리고 도망간 일까지! 몬테스 잠봉의 잘못이 세상에 낱낱이 알려졌다.

하리는 전설의 히어로즈가 얼마나 달라졌는지를 말하고 다시 한 번 히어로즈 주식회사를 응원해 달라고 부탁했다.

"알았어. 우리 반 명예 왕회장이 하는 말인데 우리가 도와줘야지!"

초등개미운동을 이끈 아이들은 히어로즈 주식회사를 살리는 일에 모두 발 벗고 나섰다. 며칠 후, 전설의 히어로즈는 히어로즈 주식회사의 첫 주주 총회를 무사히 열 수 있었다.

똘똘한 투자는 뭘까?

> 경제 지식, 투자 지식에 대해 꼭 알아야만 할까?

투자는 더 많은 돈(이익)을 벌기 위해 시간과 정성, 그리고 돈을 들이는 거야. 사람들은 투자를 하기 위해서 어려운 경제 뉴스를 읽기도 하고, 딱딱한 재무제표를 살펴보기도 해.

처음 경제 뉴스와 지식을 접한 친구들은 이게 대체 무슨 말인지 알아들을 수 없다고 생각할 거야. 경제와 투자에 대한 전문 용어도 너무 어렵고, 이해하기가 쉽지 않은 개념들이 꽤 나오거든. 이렇게 쉽지 않은 경제 공부를 꼭 해야만 할까? 그냥 돈을 벌고 쓰는 것만 하면 됐지 투자에 대해서까지 꼭 알아야 할까? 이런 마음이 생기기도 할 거야.

하지만 경제 공부는 이제 우리가 알아야 할 필수 지식이 되었어. 왜냐하면 우리의 삶과 경제는 떼려야 뗄 수 없는 관계거든. 경제에 대해 알아야만 이해할 수 있는 영역들이 많아지고 있어. 더불어 경제적인 지식과 혜안을 지녀야만 미래 사회에서도 잘 살아갈 수 있어.

투자 역시 마찬가지야. 우리가 투자에 대해 공부할수록 앞으로 경제 활동을 하면서 더욱 현명한 선택을 하게 돼. 현명한 선택이란, 돈을 더 버는 것만 말하는 게 아니야. 몬테스 잠봉과 같이 경제 지식이 미비한 점을 노리는 나쁜 이들로부터 자신의 자산을 안전하게 지킬 수도 있지. 그야말로 경제 지식, 투자에 대한 관심은 미래 사회의 필수 소양이 된 거야.

안전한 투자 방법과 공격적인 투자 방법 🔍

많은 사람들이 주식에 대해 알아보고 투자할 때 큰 기대를 가져.

은행에 저금하는 것보다 큰돈을 벌 수 있을 거라고 말이야. 하지만 주식에 투자한다고 해서 무조건 큰돈을 벌게 되는 건 아니야. 오히려 투자한 돈(원금)을 잃게 될 수도 있지.

사실 주식 투자는 은행에 저금하는 것보다 안정성이 떨어져. 은행에 돈을 넣어 두면 이자가 매우 적게 생기지만 은행에 맡긴 원금은 잃지 않도록 보장해 주거든. 그만큼 안전하다고 할 수 있지. 그래서 많은 사람들이 돈을 모으고 관리하는 방법으로 은행의 적금, 예금을 선택해. 적금은 일정 기간 동안 조금씩 돈을 모아서 큰돈(목돈)을 마련하는 방법이야. 이렇게 목돈이 만들어지면 그 돈을 맡겨 두는 예금 상품에 가입해서 이자를 받는 거지.

하지만 앞서 말했듯이 은행의 이자는 적은 편이야. 그래서 사람들은 안정성이 보장되지 않더라도 주식이나 펀드 같은 공격적인 투자 방법에 관심을 갖는 거야. 주식, 펀드는 은행 이자보다 더 많은 이익을 낼 수도 있으니까.

그렇지만 주식 투자를 하기 위해서는 만반의 준비가 필요해. 우리가 지금껏 살펴본 주식에 관한 공부는 반드시 필수야. 그리고 주식 투자를 했을 때 원금을 손해 볼 가능성이 있다는 것도 항상 염두에

두어야 해. 손해를 보아도 큰 피해가 없을 만큼의 금액만 투자해야 해. 그러니까 당연히 강도상 삼촌처럼 가진 돈뿐만이 아니라, 남한테 빌린 돈까지 몽땅 주식에 투자해서는 절대 안 되겠지?

전문가들은 재테크를 할 때 자신의 돈을 모두 주식이나 펀드처럼 위험성이 큰 방법에만 투자해서는 안 된다고 조언해. 은행에 저금하는 것처럼 안전한 방법으로도 일부 투자하고, 이익을 더 크게 볼 수 있는 주식, 펀드에도 일부 투자하라고 하지. 자신의 자산을 안전하게 관리할 수 있게끔 재테크 방법을 여러 가지로 나누어서 하라고 말해.

주식을 사서 투자하면 당연히 큰돈을 벌 수 있다?

"석 달 만에 수백만 원을 벌었어요!"

여러 미디어에서 짧은 기간에 주식 투자로 큰돈을 번 사람들의 이야기가 심심찮게 나와. 돈을 들여 주식을 사기만 하면 쉽게 돈을 벌 수 있다고 말해. 그러다 보니 누구나 주식에 투자하면 큰돈을 벌 수 있을 거라고 생각하지.

하지만 실제로는 그렇지 않아. 짧은 시간에 큰돈을 버는 사람은 정말 드물어. 그리고 그런 사람들은 아주 많은 공부와 준비를 해서 투자하기 때문에 훨씬 더 많은 시간과 정성을 쏟았을 거야. 주식에 투자한다고 해서 당연히 큰돈을 번다는 생각은 버려야만 해.

간혹 가다 준비 없이 한 번에 많은 돈을 벌려고 무리하게 주식을 사는 사람들이 있어. 그리고 직접 공부하지 않고 다른 사람의 말만 듣고 투자하는 사람들도 있지. 그저 주식으로 큰돈을 벌었다는 사람들의 허황된 이야기만 듣고 투자를 시작하는 거야.

이런 사람들은 투자한 돈을 손해 볼 경우 큰 피해를 입을 우려가 있어. 심지어는 이러한 손해를 만회하려고 다시 큰 빚을 내서 또다시 주식에 투자하는 경우도 있어. 이런 선택을 한다면 자신의 자산을 한순간에 잃을 수도 있으니 절대 해서는 안 돼.

자신이 가진 돈을 투자해서 더 많은 돈을 벌기 위해서는 시간과 정성을 들여야만 해. 사이트나 앱을 통해 간단하게 주식을 사고팔 수 있다고 해서 거래되는 돈의 가치를 결코 가볍게 여겨서는 안 돼.

투자와 투기는 한 끗 차이?

투자와 투기는 비슷한 단어처럼 보이지만 그 의미는 하늘과 땅 차이야. 투자는 이익을 얻기 위해 긴 시간 동안 돈을 들이고 정성을 쏟으며 노력하는 반면, 투기는 시간과 노력을 들이지 않고 순간적인 행운으로 이익을 얻으려고 하거든.

이를테면, 투기란 이런 거야. 단순히 '조금 있으면 오를까?', '내일은 내릴까?'를 맞추면서 즉흥적으로 주식을 샀다가 팔았다가 움직이지. 투자자 중에서는 하루 만에 수익을 내기 위해 주식을 여러 번 사고파는 경우도 있는데 이를 '단기 투자', 혹은 줄여서 '단타'라고 불러. 하루 안에 얼마나 수익을 낼지 신경 쓰다 보면 정말 일상생활이 불가능할 정도로 매달리게 돼. 즉, 주식 중독에 빠지는 거야. 그래서 투기는 도박이라고도 말해. 도박이 얼마나 위험한지는 말하지 않아도 알고 있지?

  돈을 쉽게 많이 벌 수 있다는 유혹은 제아무리 똑똑한 사람이라고 해도 견디기 힘들어. 만유인력의 법칙을 만든 물리학자 뉴턴도 투기로 많은 돈을 잃었다고 해. 명작 《톰 소여의 모험》을 쓴 작가 마크 트웨인도, 상대성 원리로 유명한 아인슈타인까지도 모두 투기를 하다

아이작 뉴턴

마크 트웨인

아인슈타인

가 가진 돈을 잃었어. 이처럼 돈을 많이 벌 수 있다는 말에 홀랑 넘어가면, 투자하려는 회사가 어떤 곳인지, 미래 성장 가능성은 있는지 제대로 알아보지도 않고 무턱대고 돈을 내게 돼. 그건 돈 욕심에 눈이 멀어 도박을 하는 것과 마찬가지란 걸 명심해야 해.

워런 버핏에게 배우는 '가치 투자'와 올바른 투자 방법

'달걀을 한 바구니에 담지 말라'는 격언을 들어 본 적 있니? 달걀을 한 바구니에 모두 담았다가는 하나가 부딪혀 깨지면 나머지도 깨지기 쉽다는 걸 비유한 표현이야.

주식 투자도 한 곳에만 투자했다가 그 회사가 망하면 큰 손해를 볼 수 있어. 그래서 여러 곳에 나누어 투자해야 해. 이것을 '분산 투자'라고 말해.

개인 투자자들이 주식 투자에 실패하는 원인 중 하나가 바로 분산 투자를 하지 않아서라고 해. 각각의 주식이 가진 투자 위험성을 낮추려면 여러 회사의 주식을 나누어서 보유해야 해.

주식 투자에 관심이 없는 사람도 '워런 버핏'의 이름은 들어 봤을 거야. 우리나라에서만 워런 버핏에 대한 도서가 100권이 넘게 나왔을 정도래. 워런 버핏은 '투자의 귀재'라고 불리는 세계적인 투자가야. 현재 '버크셔 해서웨이'라는 지주 회사를 운영하며 다양한 기업의 주식을 갖고 있어.

워런 버핏은 저평가된 기업의 주식을 찾아서 투자하는 '가치 투자' 방식으로 큰돈을 벌었어. 이를 테면 1000원에 판매될 만한 물건을 찾

2011년 워런 버핏과 오바마 대통령

아 현재 가격인 500원에 사는 거야. 이 물건은 나중에 성장해 1000원이 되지. 그럼 500원만 써서 1000원어치의 물건을 갖게 되는 거야.

워런 버핏은 어떻게 해서 주식 투자를 잘할 수 있었을까? 여러 비법이 있겠지만 무엇보다 투자하려는 기업을 철저하게 분석했어. 워런 버핏의 대표적인 투자 방식을 한 번 살펴보기로 해.

워런 버핏의 투자 개념 중 '해자'가 있어. 해자는 중세 시대에 외부의 적으로부터 보호하고자 성 주위를 물로 둘러싸게 만든 걸 말해. 쉽게 성에 접근하지 못하도록 만든 것이지. 이처럼 기업도 자신만의 독점적인 영역이 있다면 어떤 상황에서도 쉽게 흔들리지 않아.

이런 기업은 어떤 기업일까? 물건을 혼자만 만들어 파는 독점 기업이거나, 꾸준히 그 물건을 사 줄 소비자를 거느린 기업을 뜻해. 코카콜라나 질레트 면도기, 애플처럼 소비자들이 꾸준히 사 주는 물건을 만들어 내는 기업이 여기에 해당하지.

이런 기업이 판매하는 것은 다른 기업의 것으로 대체하기 힘들어. 사람들은 '그 물건'에 한해서만큼은 그 기업의 것을 사는 거지. 그만큼 브랜드의 인지도도 커.

하지만 이런 기업의 주식을 사려면 무턱대고 싼 가격에 살 수는 없어. 누구나 가지고 싶어 하는 주식이니까 이미 가격이 높게 매겨져 있거든.

그래서 워런 버핏은 이런 주식은 너무 싼 가격에 사려고 기다리지 말고 적당한 가격이면 사라고 제안해. 적당한 가격에 사더라도 앞으로 오랫동안 보유하면 충분히 이익을 얻을 수 있다고 보는 거지. 실제로 워런 버핏은 코카콜라 기업의 주식을 24년 동안이나 가지고 있었어.

그리고 워런 버핏의 투자 개념 중 '허들 뛰어넘기'도 유명해. 많은 사람들이 자신의 능력을 벗어난 기업에 투자하려고 하는데, 이는 자신의 목까지 오는 허들을 뛰어넘으려는 격이라는 의미야. 목까지 오는 허들은 당연히 못 뛰어넘어. 반면 무릎 정도에 허들이 있다면 큰 어려움 없이 뛰어넘을 수 있을 거야.

이 말은 투자하려는 기업에 대해 아무것도 모르는 상태로는 절대 투자를 해서는 안 되고 이해하기 쉬운 기업을 찾아 투자를 하라는 뜻이야. 잘 모르는 기업이라면 공부를 열심히 해서 무릎 높이까지 왔다고 느껴졌을 때 투자하라는 말이지. 워런 버핏은 제대로 이해하고 신중하게 분석해서 조사한 기업에만 투자하라고 조언해.

마지막으로 워런 버핏에게 배우는 투자 방법은 기다리고 참을 줄 아는 '인내'야. 기업을 보는 눈도 중요하지만 자신이 정한 원칙에 따라 주식을 사고파는 인내심이 필요해. 어떤 유혹이나 충동에도 참고 기다릴 줄 아는 인내심이야말로 우리가 워런 버핏에게 배워야 하는 가장 좋은 투자 덕목이야.

이야기 다섯

새롭게 태어난 히어로즈 주식회사를 소개합니다!

진짜 영웅들이 나타나다!

"제1회 주주 총회를 시작하겠습니다!"

의장을 맡은 찐봉봉이 의사봉 대신 요술봉을 탕탕 두드렸다.

주주 총회가 열리는 모습은 히어로즈TV 채널로 실시간 중계되었다. 그 덕분에 히어로즈 주식회사의 주식을 팔아 버린 예전 주주들도 함께 주주 총회를 볼 수 있었다. 이 역시 새롭게 태어나는 히어로즈 주식회사의 모습을 알리기 위해 하리가 계획한 것이었다.

"그동안 저희는 영웅의 이미지에만 신경을 쓰느라 이사회로서 회사를 운영하는 데 무책임한 모습을 보였습니다. 저희를 믿고 투자를 결정해 준 주주들, 그리고 어린이들에게 큰 상처를 줘서 정말 미안합니다."

전설의 히어로즈는 모두 일어나 고개를 숙이고 진심으로 사과했다. 그 모습을 보고 하리네 반 아이들을 비롯해 어린이 주주들이 플래카드를 흔들며 구호를 외쳤다.

"괜찮아요, 히어로즈! 힘내요, 히어로즈!"

어린이들의 응원에 다섯 히어로들은 눈물을 글썽였다. 힘든 일을 겪고 난 후부터 히어로즈는 툭하면 눈물 바람이었다.

"그래서 저희는 이번 일에 책임을 지고 오늘 이 자리에서 이사회를 물러나기로 결심했습니다. 오늘 총회에 이사회 해임에 대한 안건을 정식으로 제안합니다."

찐봉봉이 엄숙하게 말했다. 히어로즈가 이사회에서 물러나겠다는 제안을 하자 주주 총회에 모인 사람들이 술렁였다.

그때 하리가 손을 들고 일어나 말했다.

"저도 주주 중 한 사람으로서 안건을 제안합니다. 오늘 결정해야 할 사항이 많으니 일단 혼란을 막기 위해 이사회 해임안은 끝으로 미루고 대표 이사 해임안부터 먼저 진행하는 게 어떨까요? 그리고 히어로즈 주식회사를 살릴 수 있는 방안에 대해 주주들의 의견도 들었으면 합니다."

하리의 말에 여기저기서 동의하는 목소리를 냈다.

"옳소, 찬성합니다!"

"거, 어린 친구가 똑부러지는구먼!"

"그럼요, 도망간 못된 짬뽕부터 해임하는 게 맞아요!"

주주들의 요청으로 대표 이사 몬테스 잠봉의 해임안부터 투표했다. 단 한 사람의 반대도 없이 모두 해임에 찬성했다. 주주들의 힘으로 몬테스 잠봉을 대표 자리에서 물러나게 만든 것이다.

하지만 이미 당사자가 도망친 상황이라 속이 후련하지는 않았다. 삼촌은 몬테스 잠봉이 어디에 숨어 있는지 모르지만 찾아내면 아주 혼쭐을 낼 거라고 큰소리쳤다.

이어서 주주들은 히어로즈 주식회사를 정상적으로 다시 운영하는 방안에 대해 자유롭게 의견을 말했다. 회사 운영에 관한 낯설고 어려운 말들이 여기저기서 나왔다. 오랜 논의와 투표를 거쳐 주주 총회의 의결권 수를 만족한 의견들이 정리되었다.

- 대표 이사는 전문 경영인으로 새로 뽑기로 한다.
- 회사 운영을 감시할 전문 감사단과 어린이 감사단을 따로 만든다.

- 주식을 새로 더 발행해서(증자) 자본금을 추가로 마련한다.
- 주주들은 새로 발행한 주식을 먼저 더 살 수 있는 권리와 의무가 있다.

사실 네 번째 의견은 아슬아슬하게 의결권 수를 넘겨 통과되었다. 히어로즈 주식회사의 주가가 워낙 떨어져서 모두 히어로즈 주식을 빨리 팔아 치우고 싶은 마음이 간절했다. 그런데 도리어 주식을 더 사라고 하니 많은 주주들이 썩 내켜 하지 않았다.

하지만 히어로즈 주식회사가 위기에서 벗어나려면 회사를 운영할 자본금을 마련해야 했다. 그러기 위해서는 주주들이 나서서 주식을 사 주는 방법이 가장 빨랐다.

많은 반대에도 불구하고 이 안건이 통과된 것에는 어린이 주주들의 힘이 컸다. 어린이 주주들은 히어로즈 주식회사와 함께 성장하겠다며 이 의견에 적극적으로 찬성했다. 처음 어린이 주주를 모으기 위해 광고에서 전설의 히어로즈가 한 말이 어느 정도 실현된 것이었다.

'어린이를 위한 착한 기업에서 어린이가 주인인 회사!'

전설의 히어로즈와 어린이 주주들은 가슴이 벅차올랐다.

마지막으로 전설의 히어로즈에 대한 이사회 해임안을 결정할 차례가 되었다. 전설의 히어로즈는 자리에서 물러나 투표가 끝날 때까지 결과를 기다렸다. 투표 결과는 어린이 주주 대표로 하리가 발표했다.

"전설의 히어로즈에 대한 이사회 해임안은 찬성보다 반대 수가 더 많이 나와서 부결되었습니다!"

하리의 말에 아이들이 얼싸안으며 좋아했다. 삼촌도 전설의 히어로즈에게 달려가 와락 끌어안았다. 덩치 좋은 히어로즈에게 삼촌이 매달린 꼴이었지만 서로 기쁨을 감추지 못했다.

전설의 히어로즈는 예전의 실수를 절대 반복하지 않는다고 약속하며 이사회를 다시 맡는 것을 수락했다.

"이번 주주 총회를 통해 히어로즈 주식회사가 새로운 기업으로 다시 태어났음을 선언합니다!"

찐봉봉이 주주 총회를 마무리하며 요술봉을 또 탕탕탕 두드렸다.

전설의 히어로즈와 어린이 주주들, 미래를 향해 한 걸음을 내딛다!

히어로즈 주식회사는 주주 총회에서 결정된 바에 따라 유능한 전문 경영인을 대표 이사(CEO)로 새로 뽑았다. 그리고 몬테스 잠봉이 망쳐 놓은 회사를 다시금 정상적으로 운영하기 위해 노력했다.

히어로즈 주식회사는 매달 재무제표를 투명하게 공개했다. 그 덕분에 사람들은 히어로즈 주식회사가 얼마나 비용을 쓰고 얼마나 이익을 냈는지를 쉽게 알 수 있었다. 또한 히어로즈TV 채널에서 벌어들인 수익을 주주들에게 자세히 보고했다. 그뿐만이 아니었다.

몬테스 잠봉이 투자금을 얻기 위해 거짓으로 제안했던 '히어로즈 체험관'을 실제로 만들어 운영하기로 했다. 어린이들이 입장료를 내고 직업 체험도 하고 공연도 관람하는 체험관을 운영하는 사업이었다. 티켓을 팔아 돈도 벌고, 어린이를 위한 프로그램을 만들어 사회 공헌도 할 수 있으니 사실 무척 좋은 사업 아이템이었다. 이것을 몬테스 잠봉이 고안했다는 게 아이러니였다. 그 똑똑한 머리와 뛰어난 사업 감각을 남을 속이고 사기 치는 것에 쏟아부은 게 안타까웠다.

전설의 히어로즈는 오늘도 도움을 요청한 어린이를 위해 출동했다.

"전설의 히어로즈에게 알립니다! 오늘 도움을 요청한 어린이는 한 명이 아니군요. 히어로즈 주식회사의 어린이 주주 일동, 대표로 한국초등학교 6학년 강하리 학생이 보낸 사연입니다. 도움을 요청한 내용은 '어린이 주주를 힘들게 한 몬테스 잠봉을 찾아서 법의 심판을 받게 해 주세요'입니다!"

서비스 센터 직원이 접수한 사연을 전설의 히어로즈에게 전달했다.

"오케이, 사연 접수 완료! 모든 히어로들은 지금 당장 몬테스 잠봉을 찾으러 출동!"

에메랄드빛 해변을 바라보며 축배를 들고 있던 몬테스 잠봉은 갑자기 들이닥친 낯선 그림자들에 깜짝 놀라 잔을 떨어뜨리고 말았다.

"경비원! 경비⋯⋯ 아악!"

몬테스 잠봉이 경비원을 부르며 도망치려는데 난데없이 요요 줄이 날아와 몬테스 잠봉의 몸을 휘감았다.

"아니, 이건 불꽃요요?"

몬테스 잠봉의 눈이 휘둥그레졌다.

"휴, 찾느라 힘들었네."

몸에 딱 달라붙는 알록달록한 스판덱스 의상을 입은 다섯 명, 전설의 히어로즈가 틀림없었다.

"이럴 수가, 전설의 히어로즈가 여기까지 어떻게⋯⋯."

몬테스 잠봉의 입이 쩍 벌어졌다.

"후후, 우리가 마음만 먹으면 지구 전체를 뒤져서라도 너 같은 악당쯤은 쉽게 찾아낼 수 있거든?"

전설의 히어로즈가 두두둑 두둑 소리를 내며 몸을 풀었다. 요요팡, 찐봉봉, 밥심, 애니멀걸, 스캐니가 가까이 다가오면서 몬테스 잠봉을 에워쌌다. 몬테스 잠봉은 요요 줄에 묶인 채 겁에 질려 벌벌 떨었다.

"아니, 말로 하자고요. 여러분이 원하시는 만큼 제가 돈을 드릴게요. 얼마면 되겠습니까?"

몬테스 잠봉이 어떻게든 빠져나가려고 슬슬 입을 나불거렸다.

"빼돌린 돈은 경찰서에 가서 얘기하면 되니까 잔말 말고 우리랑 같이 가시지!"

밥심이 도시락 통에 든 주먹밥을 한꺼번에 입안으로 욱여넣고는 신나게 외쳤다.

"자, 오랜만에 힘 좀 써 볼까?"

"끄아아악!"

밥심은 꽁꽁 묶인 몬테스 잠봉을 어깨에 메고 훌쩍 뛰어올랐다.

어느새 해변은 붉은 노을로 아름답게 물들고 있었다.

다음 날, 저녁 뉴스에 자수하러 경찰서에 온 몬테스 잠봉의 영상이 보도되었다.

몬테스 잠봉은 누가 쫓아오기라도 하는지 자꾸만 주위를 두리번거렸다. 몬테스 잠봉은 경찰을 보자마자 잘못했다고 싹싹 빌었다.

"몬테스 잠봉 씨는 인터폴의 도움 없이 스스로 경찰서로 찾아와 자수했습니다. 잠봉 씨는 히어로즈 주식회사의 자금을 횡령하고 각종 비리를 저질러 수배가 내려진 상태였습니다. 잘못을 뉘우치고 암호 화폐로 빼돌린 돈까지 전부 되돌려 주겠다고 약속했지만, 이미 수많은 주주들의 마음에 상처를 주고 막대한 피해를 입힌 죄로, 결국 철

창 안에 갇히게 되었습니다."

함께 뉴스를 보던 하리와 삼촌은 크게 웃음을 터뜨렸다.

"역시 전설의 히어로즈가 최고야!"

"삼촌, 나 오늘 히어로즈 주식 더 샀다! 요즘 주가가 조금씩 오르고 있어서 지금이 투자하기 좋은 때 같아! 삼촌은 더 살 생각 없어?"

하리의 물음에 삼촌은 고개를 설레설레 저었다.

"난 그냥 가진 주식을 다 정리했어. 지금은 투자하는 것보다 빚부터 갚는 게 우선이거든. 그리고 이제는 더 이상 무모하게 투자하지 않을 거야. 다음 달부터 월급을 받으면 빚부터 갚고 차곡차곡 돈을 모을래. 그런 다음에 무조건 안전하게 분산 투자할 거야!"

삼촌은 다음 주부터 첫 출근을 하기로 했다면서 잔뜩 들뜬 얼굴이었다.

"와, 삼촌 취직하더니 전혀 다른 사람이 됐네! 내가 알던 삼촌 맞아? 지금 보니까 워런 버핏보다 더 똑똑한 투자 고수가 될 것 같아!"

하리는 삼촌을 향해 엄지를 번쩍 치켜세웠다.

"내가 좀 똑똑하긴 하지!"

삼촌이 씩 웃으며 한쪽 눈을 찡긋 감았다.

경제 흐름을 읽고
금융 IQ를 높이기 위해
어린이 친구들이 해야 할 일!

경제 뉴스나 신문 보기

투자의 귀재라고 불리는 워런 버핏은 매일 새벽에 일어나 '신문 읽기'로 하루를 시작해. 왜 그럴까? 신문은 세상이 어떻게 돌아가고 있는지를 알려 주는 정보가 가득하기 때문이야.

투자를 잘하려면 하루가 다르게 바뀌는 세상을 잘 이해하고 앞을 내다볼 줄 알아야 해. 신문은 우리나라뿐만 아니라 전 세계에서 일어나는 경제 사건과 정책들을 담고 있어. 그러니까 투자를 잘하려면 당연히 신문을 열심히 읽어야 하겠지?

그중 경제 기사만 중점적으로 모은 경제 신문도 있어. 경제 기사는 경제 현상이 일어난 배경을 꼼꼼하게 설명해 주기 때문에 경제 공부를 하는 데 큰 도움이 돼. 배경을 알아야 미래를 예측하기도 쉽거든. 그러니까 친구들도 매일 30분만 투자해서 경제 기사를 찾아 읽어 보자!

좋아하는 물건을 만드는 회사에 대해 알아보기

사람들이 주식에 투자하는 이유는 주식 가격이 오를 거라는 기대 때문이야. 주식 가격이 오른다는 건 회사의 가치가 오른다는 뜻이야. 즉 회사가 버는 이익이 많아질 거라는 얘기야.

앞으로 어떤 회사가 잘 나가고 주식이 오를지는 어떻게 알 수 있을까? 주식을 사기 전에 투자하려는 회사의 재무제표를 꼼꼼히 살펴보고, 경제 흐름도 살펴보아야 해.

그런데 주식 시장에 상장된 회사는 셀 수 없이 많아. 그 많은 회사의 재무제표를 하나하나 살펴볼 수는 없겠지? 그래서 어떤 사람들은 다른 사람들이 많이 샀다는 주식을 그냥 따라서 사기도 해. 하지만 이런 투자는 남을 따라 하는 것에 불과해.

그렇다면 투자할 회사를 고르는 좋은 방법은 뭐가 있을까? 가장 쉬운 방법 중 하나는 '내가 가장 많이 쓰는 것', '내가 좋아하는 물건' 부터 찾는 거야. 내가 가장 많이 쓰고 좋아하는 물건을 만드는 회사를 선택하는 거지. 워런 버핏이 제안한 '허들 뛰어넘기' 투자 방법처럼, 내가 잘 알고 관심 있는 회사를 선택하는 것이 좋아.

그리고 다른 사람들은 그 회사를 어떻게 생각하고 있는지를 알아보는 것도 중요해. 많은 사람들이 좋아하는 회사는 주식에 이미 그 가치가 반영되어 있어서 값이 비쌀 수도 있어. 하지만 그만큼 주가가

떨어질 위험이 없어 안전한 편이거든.

한편 인기가 없는 회사라고 해서 투자를 포기할 필요는 없어. 지금은 다른 사람들에게 인기가 없더라도 앞으로 성장할 가능성이 높은 회사라는 판단이 들면, 소신을 가지고 투자하는 것이 필요해. 히어로즈 주식회사의 어린이 주주들처럼 나와 함께 성장할 회사를 고르는 거야.

주식 계좌 만들기

주식 거래를 하려면 주식을 사려는 사람과 팔려는 사람을 연결해 주는 증권사를 먼저 정해야 해. 어떤 회사의 주식을 사고 싶다면 그 회사로 직접 찾아가서 주식을 사는 게 아니라 증권사 계좌를 만들어서 그걸로 주식을 사거든. 증권사는 수수료를 받고 거래를 도와주는 역할을 해. 증권사마다 수수료가 다르니 어느 증권사를 이용하면 더 유리한지 따져 보고 결정하는 게 좋아.

요즘에는 증권사 앱을 다운받아 직접 증권사로 찾아가지 않고도

계좌를 만들 수 있어. 그러나 미성년자의 경우, 주식 계좌를 만들려면 반드시 부모님의 동의가 필요해. 그래서 부모 중 한 사람과 함께 은행이나 증권사 영업점을 방문해야만 해.

부모님과 상의해서 부모님이 은행 일을 볼 때 따라가서 계좌를 만들면 좋을 거야. 계좌를 만들려면 '동반한 부모 신분증', '가족관계증명서', '자녀 기본증명서', '주민등록초본', '도장'이 필요해. 필요한 서류는 미리 준비해서 가져가야 하고, 은행이나 증권사 영업점에서 '계좌개설 신청서', '투자정보 확인서', '금융거래목적 확인서' 등을 적으면 미성년자도 주식 계좌를 만들 수 있어.

그리고 주식을 사려면 계좌에 미리 돈을 넣어 두어야 해. 이 돈을

'예수금'이라고 해. 주식 계좌에 든 예산을 의미하지. 하리처럼 친구들도 주주가 되고 싶다면, 용돈이나 세뱃돈을 주식 계좌에 차곡차곡 모아서 관심 있는 회사의 주식을 사 보는 건 어떨까?

모의 투자 대회에 참가해 보기

대다수 증권사들은 해마다 일정 기간 모의 투자 대회를 열어. 모의 투자 대회에서는 실제로 돈을 투자하는 게 아니라 특정 사이트 안에서만 사용 가능한 가상 화폐를 쓰지. 그래서 누구라도 투자 연습을 할 수 있어. 실제 주식 투자와 비슷하게 국내 주식, 해외 주식 등 다양한 주식을 사고팔 수 있어.

모의 투자라고 해도 거래 시간은 실제 주식 시장이 열리는 시간과 똑같아. 다양한 거래를 실전처럼 할 수 있어서 투자에 대한 감을 익히기에 좋아. 게다가 투자한 돈을 잃을 부담이 실전보다 적거나 아예 없기 때문에 더없이 좋은 기회이지.

주로 대학생을 대상으로 모의 투자 대회를 여는데 고등학생을 대상으로 하는 '전국 고교생 모의 투자 대회'도 있어. 이외에도 몇몇 학교에서는 자체적으로 본교 학생을 대상으로 투자 대회를 열어. 모의 투자를 하면서 금융에 대한 관심도 높이고, 올바른 투자 자세를 배울 수도 있거든. 나중에 기회가 생기면 꼭 도전해 봐!

투자에도 윤리적인 책임이 따라야 해!

사람들은 어떻게 하면 더 많은 돈을 벌 수 있을까 궁리해. 쓸 돈은 항상 모자라고 돈을 많이 벌면 마냥 좋다고 생각하거든. 하지만 돈을 버는 것에도 책임이 따르는 법이야.

앞서 사람들이 주식에 투자하는 이유를 알아보았어. 회사에서 주주들에게 돌려주는 배당금을 많이 받고 싶거나, 회사 주가가 올라서 큰돈을 벌기를 바란다고 말이야. 그래서 누구나 이익을 많이 내는 회사의 주식을 가지려고 하지. 그렇다면 무조건 이익을 많이 내는 회사에 투자하는 게 좋은 일일까?

만약 어떤 회사가 이익을 많이 내기 위해 고용 비용을 줄이기로 결

정했다고 생각해 봐. 막무가내로 근로자를 해고한다거나 임금을 깎아 버려도 괜찮을까? 혹은 환경 비용을 아끼기 위해 하천에 오염수를 마구 방류한다거나 산업 쓰레기를 무단으로 버린다면? 어휴, 생각만 해도 끔찍하지 않니? 사회적, 도덕적으로 문제가 있는 회사여도 투자해서 큰돈을 벌기만 하면 된다고 생각하는 친구는 없겠지?

이렇게 우리 사회에 긍정적이고 선한 영향력을 끼치는 회사를 골라 투자하는 걸 '윤리적인 투자'라고 해. 투자의 기준은 사람마다 다 달라. 하지만 윤리적인 투자는 결국 모두가 함께 잘 살기 위한 가치 있는 투자라는 걸 기억하자!

관련 교과

4학년 2학기 사회
2. 필요한 것의 생산과 교환

5학년 실과(미래엔)
6. 생활과 정보

6학년 1학기 사회
3. 우리나라의 경제 발전

국어, 사회, 과학, 기술, 도덕, 경제까지
교과목 공부가 되고 세상의 눈을 키우는 상식도 쌓아 주는
사회과학 동화 시리즈

공부가 되고 상식이 되는! 시리즈 ❶
어린이 생활 속 법 탐험이 시작되다!
신 나는 법 공부!
장보람 지음, 박선하 그림 | 168면 | 값 11,000원

변호사 선생님이 들려주는 흥미진진한 법 지식과 리걸 마인드 키우기!
이 책은 어린이 친구들에게 법률 지식은 물론 실생활에서 일어나는 크고 작은 사건들을 통해 법적 시야를 길러준다. 흥미로운 생활 이야기를 통해 어린이 친구들이 법적 추리, 논리를 배우고 꼭 필요한 시사상식을 알 수 있게 한다. 현직 변호사 선생님이 직접 동화와 정보를 집필하여 어린이 친구들에게 자연스럽게 리걸 마인드(legal mind)를 키워낼 수 있도록 돕고 있다. 생활에 필요한 법 지식을 배우게 되어, 법치 질서가 중요해지는 미래 사회의 인재로 자라나게끔 이끌어준다.

공부가 되고 상식이 되는! 시리즈 ❷
동화로 보는 착한 소비의 모든 것!
미래를 살리는 착한 소비 이야기
한화주 지음, 박선하 그림 | 148면 | 값 11,000원

친환경 농산물, 동네 가게와 지역 경제, 대량생산vs동물복지, 저가상품vs공정상품
이 책은 어린이 친구들에게 현대 사회의 중요 행동인 "소비"를 통해 사회 활동과 경제 활동에 대한 이해를 높이며, 현명한 소비 생활에 대해 생각거리를 던져 주는 동화책이다. 왜 싼 제품을 사면 지구 건너, 혹은 이웃 나라의 아이들이 더 고생하게 되는지, 왜 동네 가게 주인아저씨의 걱정이 대형마트와 관련이 있는지, 어린이 친구 눈에는 잘 이해되지 않는 소비에 관한 진실과 흐름을 들려준다. 세상은 더 연결되어 있고, 나의 작은 소비가 어떤 영향력을 가지는지를 알려준다. 어린이 친구들에게 '소비'라는 사회 행위에 담긴 윤리성과 생각거리를 일깨워 주고 다양한 쟁점에 대해 이야기해 보도록 제안한다.

공부가 되고 상식이 되는! 시리즈 ❸
똑똑한 경제 습관과 금융 IQ를 길러 주는 어린이 금융경제 교육
적금은 뭐고 펀드는 뭐야?
김경선 지음, 박선하 그림 | 120면 | 값 11,000원

동화로 보는 어린이 금융경제 교육의 모든 것!
이 책은 어린이 친구들을 유혹하는 다양한 금융 서비스와 환경에 대해 제대로 살펴보고, 실생활에서 꼭 필요한 금융경제 지식에 대해 알려준다. 이미 선진국에서는 의무교육화된 '어린이 금융경제교육'의 필수 내용을 재미있는 동화로 풀어내고 있다. 어려워 보이는 금융 용어에 대해 이야기로 살펴보며, 경각심을 지켜야 할 부분에 대해 방점을 찍어준다. 금융의 책임감과 편견에 대해서도 바로잡아 주며, 경제에 대한 균형 잡힌 시각을 키워주는 책이다.

공부가 되고 상식이 되는! 시리즈 ❹
우리가 소셜 미디어를 하면서 반드시 알고 지켜야 할 것들의 모든 것!
미래를 이끄는 어린이를 위한
소셜 미디어 이야기
한현주 지음, 박선하 그림 | 152면 | 값 11,000원

1인 미디어, 실시간 정보검색, 온라인 인간관계 길잡이, 올바른 SNS 사용규칙
이 책은 소셜 미디어 시대를 살아가는 어린이들에게 다양한 디지털 기기(스마트폰, 컴퓨터, 미니패드 등)를 통해 접하는 'SNS 서비스가 나에게 어떤 영향을 끼치는지' 재미있는 동화를 통해 깨달아간다. 더 나아가 익명성, 사생활 침해, SNS 중독 같은 사이버 문제를 해결하고 지켜야 할 윤리, 규칙에 대해서도 가르쳐준다. 소셜 미디어와 디지털 기기의 특성을 하나하나 살펴보며 온오프의 균형 감각을 가지고 슬기롭게 생활하는 방법을 일깨워준다.

공부가 되고 상식이 되는! 시리즈 ❺
동화로 보는 SW교육, 사물인터넷, 인공지능 로봇, 로봇 세상의 생활과 진로!
어린이를 위한
인공지능과 4차 산업혁명 이야기
김상현 지음, 박선하 그림 | 163면 | 값 12,000원

과학 기술과 데이터, 로봇과 공존하는 인공지능 시대를 살아갈 어린이 친구들을 위한 과학 동화
이 책은 인공지능 기계와 함께하는 미래에 대해 쉽고 재미있게 알려주며, 정보통신 기술이 가져온 4차 산업혁명에 대해 살펴보는 과학 동화책이다. SW 교육, 사물인터넷, 인공지능, 로봇 세상의 일자리 등 한 번쯤 들어는 봤지만, 구체적으로 무슨 내용인지는 모르는 디지털과학의 영역을 동화로 흥미롭게 살펴본다. 어린이 친구들은 기계와 다른 인간의 고유한 가치와 영역에 대해 자연스럽게 깨닫고, 미래에 필요한 창의적 사고력, 컴퓨팅 사고력을 키우게 될 것이다.

공부가 되고 상식이 되는! 시리즈 ❻

동화로 보는 '4차 산업혁명 시대'에
따뜻한 기술이 가져오는 행복한 미래와 재미난 공학
어린이를 위한 따뜻한 과학, 적정 기술
이아연 지음, 박선하 그림 | 163면 | 값 12,000원

어린이를 위한 "따뜻한 기술과 윤리적인 과학"에 대한 흥미롭고도 실천적인 이야기!
이 책은 동화를 통해, 인간을 이롭게 도우려 탄생한 '기술'에 '나와 이웃' 그리고 '환경, 디자인, 미래'에 대한 인문적 시각을 담은 '적정 기술'을 알려준다. 과학 기술이 발전할수록 오히려 소외되는 이들이 있음을 이야기하며, 과학 기술을 배우는 어린이 친구들에게 '인문적 고민'에 대해 알려주는 생각동화책이다. 4차 산업혁명의 시대에 우리에게 드리운 '빛과 그림자'에 대한 토론거리도 던져 주며, 그 대안이 될 과학 기술인 '적정 기술'에 대해 재미있게 배워볼 수 있을 것이다.

공부가 되고 상식이 되는! 시리즈 ❼

포장 쓰레기의 여정으로 살피는
소비, 환경, 디자인, 새활용, 따뜻한 미래 이야기
미래를 위한 따뜻한 실천, 업사이클링
박선희 지음, 박선하 그림, 강병길 감수 | 144면 | 값 12,000원

버려진 물건에게 새 삶을 주는 따뜻한 실천에 대한 흥미진진한 이야기!
이 책은 생활 속 포장재들의 드라마틱한 여정을 통해 물건의 소비와 쓰레기 문제에 대한 경종을 울리고, 버려진 물건을 재탄생시키는 행동인 '업사이클링'에 대해 이야기한다. 창의적인 아이디어로 버려진 물건에 새로운 가치를 부여하는 '업사이클링'은 나와 이웃, 더 나아가 지구와 미래를 지키는 실천이다. 나, 이웃, 환경과 미래를 생각하고, '만드는 재미'를 일깨워주는 흥미진진한 '업사이클링'의 세계로 안내한다.

공부가 되고 상식이 되는! 시리즈 ❽

동화로 보는 동물학대와 유기,
대규모 축산농장, 동물실험, 동물원에 대한 불편한 진실
어린이를 위한 동물 복지 이야기
한화주 지음, 박선하 그림 | 166면 | 값 12,000원

'산업, 소비, 즐길 거리, 먹거리, 입을 거리'가 된 동물들!
이 책은 인간 사회를 위해 희생되는 동물의 삶과, 산업이 되어 버린 동물들에 대한 이야기를 살펴본다. 그리고 동물들의 희생이 과연 정말 꼭 필요한 것인지 질문하고, 동물의 행복에 대한 다양한 시도를 보여준다. 어린이 친구들은 이 책을 통해 우리 세상에는 다양한 종과 함께 살아가는 것이 무척 중요하다는 것을 깨닫게 될 것이다. 또한 동물의 행복에 대해 깊이 생각해보고, 다양한 나라에서 시도되는 동물 복지에 대한 실천을 보고 지금 우리가 해볼 수 있는 것은 무엇인지 배울 수 있을 것이다.

공부가 되고 상식이 되는! 시리즈 ❾

동화로 보는 신재생에너지,
에너지 불평등과 자립, 에너지 공학자, 에너지 과학 기술

지구와 생명을 지키는 미래 에너지 이야기

정유리 지음, 박선하 그림 | 162면 | 값 12,000원

과학 기술의 발전과 함께 전에 없던 새로운 에너지 전환 시대를 준비해 보다!

이 책은 어린이 친구들에게 우리 삶을 지탱하는 '에너지와 그로 인한 에너지 문제'에 대해 설명하며, 지구와 생명을 지키는 미래 에너지에 대해 알려주는 책이다. 재미있는 동화를 토대로 화석 에너지 문제들을 해결할 방안으로 신재생에너지와 에너지 절약과 효율을 높이는 다양한 기술, 그리고 더욱 역할이 중요해지는 에너지 공학자들의 이야기를 들려준다. 더 나아가 에너지 불평등과 자립에 대한 이야기를 통해 나와 이웃을 생각하는 미래에 에너지가 어떤 역할을 할 것인지를 생각해보게끔 한다.

공부가 되고 상식이 되는! 시리즈 ❿

동화로 보는 '미세먼지'를 둘러싼
환경, 건강, 나라, 경제, 과학 이야기

생명을 위협하는 공기 쓰레기, 미세먼지 이야기

박선희 지음, 박선하 그림 | 160면 | 값 12,000원

미세먼지를 어떻게 대처하느냐에 따라 달라지는 두 가지 미래 여행!

이 책은 환경 재앙으로까지 일컬어지는 '미세먼지'에 대해 다양한 시선으로 살펴보며, 미세먼지가 왜 이렇게 심각해졌는지 그 경위를 알아보고 우리의 건강, 깨끗한 환경, 삶을 지키기 위한 실천과 생각거리를 살펴본다. 이 책은 미세먼지에 얽힌 지리적, 과학적, 경제적, 인문적인 이야기를 들려주며, 환경 문제가 결코 단순한 것이 아님을 이야기한다. 미래의 주인공이 될 어린이들이 '미세먼지'에 대해 깊이 이해하는 것만으로도 우리가 지켜야 할 환경, 미래에 대한 가치를 배울 수 있다.

공부가 되고 상식이 되는! 시리즈 ⓫

사라지는 일, 생겨나는 일! 미래 일자리의 변화와 기술, 직업 가치를
생생하게 알려 주는 과학 인문 동화

어린이를 위한 4차 산업혁명 직업 탐험대

김상현 지음, 박선하 그림 | 167면 | 값 12,000원

"달라진 일의 미래, 나는 어떤 일을 하게 될까?"

이 책은 기술 과학이 더욱 발달하는 미래 시대의 꿈을 키워나갈 어린이 친구들에게 일의 변화와 달라지는 직업 가치를 일깨워주는 직업 인문 동화책이다. 어린이들에게 미래 기술과 직업에 대한 연결과 흐름을 보여주고, 필요한 소양에 대해서도 이야기한다. 또한 여가의 증가, 로봇과의 협업 등 달라지는 일의 가치와 이로 인한 생활의 변화도 생생하게 보여 준다. 어린이들에게 4차 산업혁명을 이끄는 핵심 기술 5가지와 관련 직업들을 소개하며 '디지털 과학의 일'에 대한 정보를 안내해준다.

공부가 되고 상식이 되는! 시리즈 ⑫

동화로 보는 미디어 속 가짜 뉴스에 담긴 불편한 진실과
미디어 리터러시 교육!

어린이가 알아야 할 가짜 뉴스와 미디어 리터러시

채화영 지음, 박선하 그림 | 144면 | 값 12,000원

"뉴스는 무조건 믿어도 되는 걸까요?"

이 책은 어린이 친구들에게 편견과 과장으로 점철된 가짜뉴스의 존재를 알려주고, 이를 제대로 파악해 비판적으로 바라보는 시각을 키워주는 미디어 리터러시 동화책이다. 스마트폰으로 미디어가 접근하기 쉬워질수록 어린이 친구들에게 제대로 된 정보와 올바른 생각과 판단능력을 길러주기 위해서는 미디어 해독능력이 반드시 필요하다. 어린이 친구들이 쉽게 접할 수 있는 뉴 미디어 매체를 살펴보고, 각 미디어의 특성과 정보와 지식을 읽는 방법을 안내해준다. 더 나아가 어린이 친구들이 가짜 뉴스의 특성을 파악하여 정보를 체크하는 능력, 비판하는 생각능력도 자라게 될 것이다.

공부가 되고 상식이 되는! 시리즈 ⑬

동화로 보는 해양 쓰레기, 미세 플라스틱, 남획, 바다 산성화,
뜨거운 바다, 그리고 분쟁의 바다

지구가 보내는 위험한 신호, 아픈 바다 이야기

박선희 지음, 박선하 그림 | 161면 | 값 12,000원

"지속 가능한 바다를 위해 우리는 어떤 일을 할 수 있을까?"

이 책은 지구의 70%를 차지하는 바다가 겪고 있는 고통과 위기를 다양한 시선으로 들여다본다. 나날이 심각해지는 해양 쓰레기 문제, 남획과 수산업, 바다 산성화, 바다 분쟁 등 바다를 뜨겁게 달구는 이슈들을 흥미진진한 동화를 통해 생생하게 살펴본다. 쉽고 재미있는 동화를 통해 어린이 친구들에게 바다가 겪는 아픔에 대해 공감력 있게 전달하며 지속 가능한 바다를 지키기 위한 생각과 행동에 대해 이야기한다. 어린이 친구들은 이 책을 통해 아름다운 모습만 보여 주던 바다가 실제로 얼마나 큰 고통을 겪고 있는지를 생생히 볼 수 있으며, 바다를 지키기 위해 어떻게 해야 하는지를 생각해 보게 될 것이다.

공부가 되고 상식이 되는! 시리즈 ⑭

빅데이터, 데이터 마이닝, 데이터 과학자와 데이터 윤리까지!
동화로 살펴보는 빅데이터의 모든 것!

어린이를 위한 미래 과학, 빅데이터 이야기

천윤정 지음, 박선하 그림 | 159면 | 값 12,000원

"이제 분야를 막론하고 미래 세상을 이끌어갈 사람들은 모두 빅데이터를 알아야만 해!"

이 책은 미래의 주역이 될 어린이들에게 '데이터'의 개념에 대해 정확히 살펴보고, 더 나아가 빅데이터가 왜 미래 세상에서 중요한지, 어떻게 쓰이는지를 재미있는 동화를 통해 흥미진진하게 알려 준다. 어린이 친구들은 '빅 데이터'가 무엇이고 어떤 특징이 있으며 산업과 생활에 어떻게 쓰이는지를 이해하는 것만으로도 디지털 과학에 대한 폭넓은 시각과 지식을 쌓게 될 것이다. 또한 빅 데이터에 담긴 윤리적인 문제와 오류 등에 대해도 살펴보며 데이터를 이용하는 주체로서 어떤 자세를 취해야 하는지에 대한 인문학적인 생각도 키워줄 것이다.

공부가 되고 상식이 되는! 시리즈 15

이웃과 환경을 생각하고 사회를 밝게 만들어 주는
착한 디자인에 대한 아주 특별한 다섯 이야기!

세상을 따뜻하게 만드는 착한 디자인 이야기

정유리 지음, 박선하 그림 | 155면 | 값 12,000원

"좋은 디자인은 그 자체로 세상을 바꾸는 발명이 된다!"

이 책은 디자인에 '나와 이웃, 지구를 생각하는 착한 마음'을 담은 '착한 디자인'에 대해 알려주는 동화책이다. 환경오염, 불평등, 재해, 가난, 장애 등 사회 곳곳에서 앓고 있는 문제를 착한 디자인이 얼마나 밝고 재미있게 풀어내는지 생생하게 보여 준다. 이 책을 통해 어린이 친구들은 착한 디자인이란 무엇인지 제대로 알게 되고, 창의적인 문제해결력만 있으면 누구나 손쉽게 착한 디자이너가 될 수 있다는 것을 깨닫게 될 것이다. 더 나아가 디자인이 지닌 따뜻하고 거대한 힘을 통해 우리가 살아갈 미래를 지키는 활동에 대해 생각해보게 될 것이다.

공부가 되고 상식이 되는! 시리즈 16

하늘 저 너머에도 쓰레기가 있다고?
우주 탐사 최대 방해물, 우리를 위협하는 우주 쓰레기의 모든 것!

지구와 미래를 위협하는 우주 쓰레기 이야기

김상현 지음, 박선하 그림 | 136면 | 값 12,000원

"우주 과학이 발전하는 만큼 우주 쓰레기는 더 많아진다고?"

이 책은 우주 공학의 눈부신 발전에 가리어진 골칫거리 '우주 쓰레기'에 대해서 살펴본다. 흥미진진한 동화를 통해 우주 쓰레기가 왜 생겨나고, 어떻게 우리에게 피해를 주는지, 어떤 위험성을 지녔는지를 알려준다. 더 나아가 과학 기술과 창의적인 아이디어로 이것을 어떻게 해결할 수 있을지 생각거리를 던져준다. 이 책을 통해 어린이 친구들은 인간이 우주에 나아가면서 밟았던 시행착오와 성취를 알게 되며, 드넓은 우주 역시 우리 인간에게 지켜야 할 대상이 된다는 것을 일깨워준다. 우주 쓰레기가 나와 거리가 먼 문제가 결코 아니며, 지구에 있는 모두에게 재난이 될 위험성이 있음을 알려준다.

공부가 되고 상식이 되는! 시리즈 17

상상 그 이상!
진짜보다 더 진짜 같은 가상 세계의 모든 것!
어린이를 위한 가상현실과 메타버스
천윤정 지음, 박선하 그림 | 152면 | 값 12,000원

"진짜보다 더 진짜 같은 가상이 온다!"
이 책은 우리 생활 깊숙이 스며든 가상현실 기술과 메타버스에 관해 흥미진진하게 알아본다. 동화를 통해 가상현실이란 것이 대체 무엇인지, 관련 기술에 대해 알아보고, 그 쓰임에 대해 살펴본다. 가상현실의 과거와 현재를 살펴보며 미래에 어떤 모습으로 활약하게 될지도 생각해 보게 한다. 또한 가상현실과 메타버스를 만들기 위해서는 어떤 직업이 있는지도 살펴보며 미래 사회의 한 축인 가상 세상에 대한 호기심과 흥미를 지핀다. 이 책을 통해 어린이 친구들은 가상현실, 메타버스에 대한 이해를 넓히고, 더 나아가 가상현실을 어떻게 발전시켜야 할지 생각해 보게 될 것이다. 가상현실과 메타버스와 함께 행복하고 안전한 미래를 만들기 위해 어린이 친구들이 반드시 봐야 할 미래 과학 동화책이다.

공부가 되고 상식이 되는! 시리즈 18

멋과 유행, 경제와 윤리적 소비, 환경의 관계에 대해
이야기하는 생각동화!
환경을 지키는 지속 가능한 패션 이야기
정유리 지음, 박선하 그림 | 152면 | 값 12,000원

"옷 한 벌에 담긴 따뜻한 마음이야말로 세상을 아름답게 지켜 내!"
이 책은 옷과 패션이라는 생활이자 문화를 다채로운 시각으로 들여다봄으로써, 옷과 산업, 그리고 우리의 미래의 관계를 살펴본다. 버려지는 옷으로 인한 쓰레기 문제, 충동구매와 무분별한 소비 심리를 자극하는 유행 마케팅, 환경을 파괴하는 옷 제작 과정, '입을 재료'로 취급당하는 동물 학대와 생명 경시, 빠르게 옷을 제작하고 유통시키기 위해 노동력이 싼 국가에 공장을 지으며 생겨나는 노동력 착취 문제 등 옷이 산업이 되면서 다양한 문제들을 일으키고 있다. '단지 입을 거리'라 생각했던 패션에 담긴 책임감을 살펴보고, 더 나은 세상을 만드는 데 발맞춰 지속 가능한 패션에 대해 알려 준다.